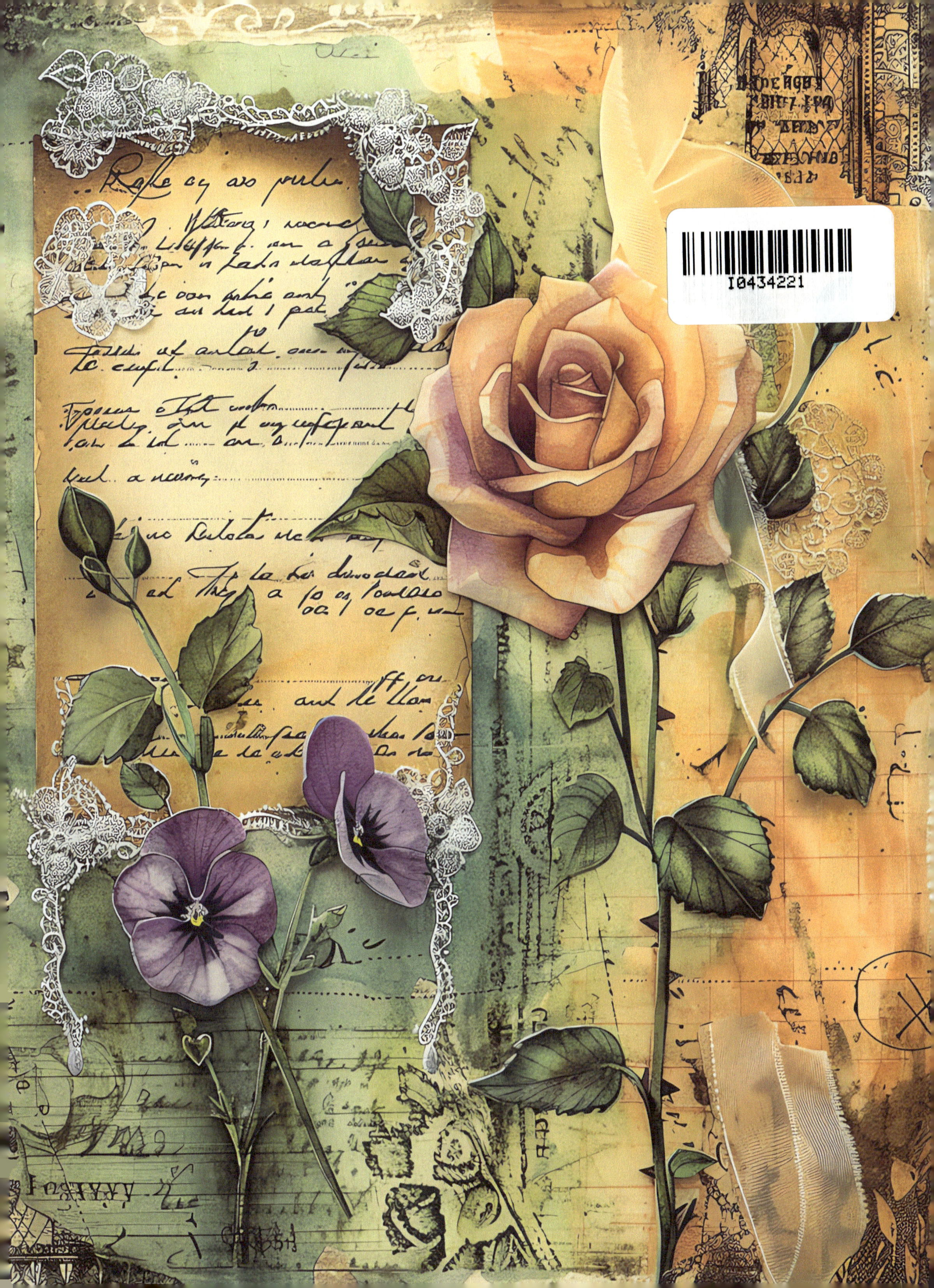

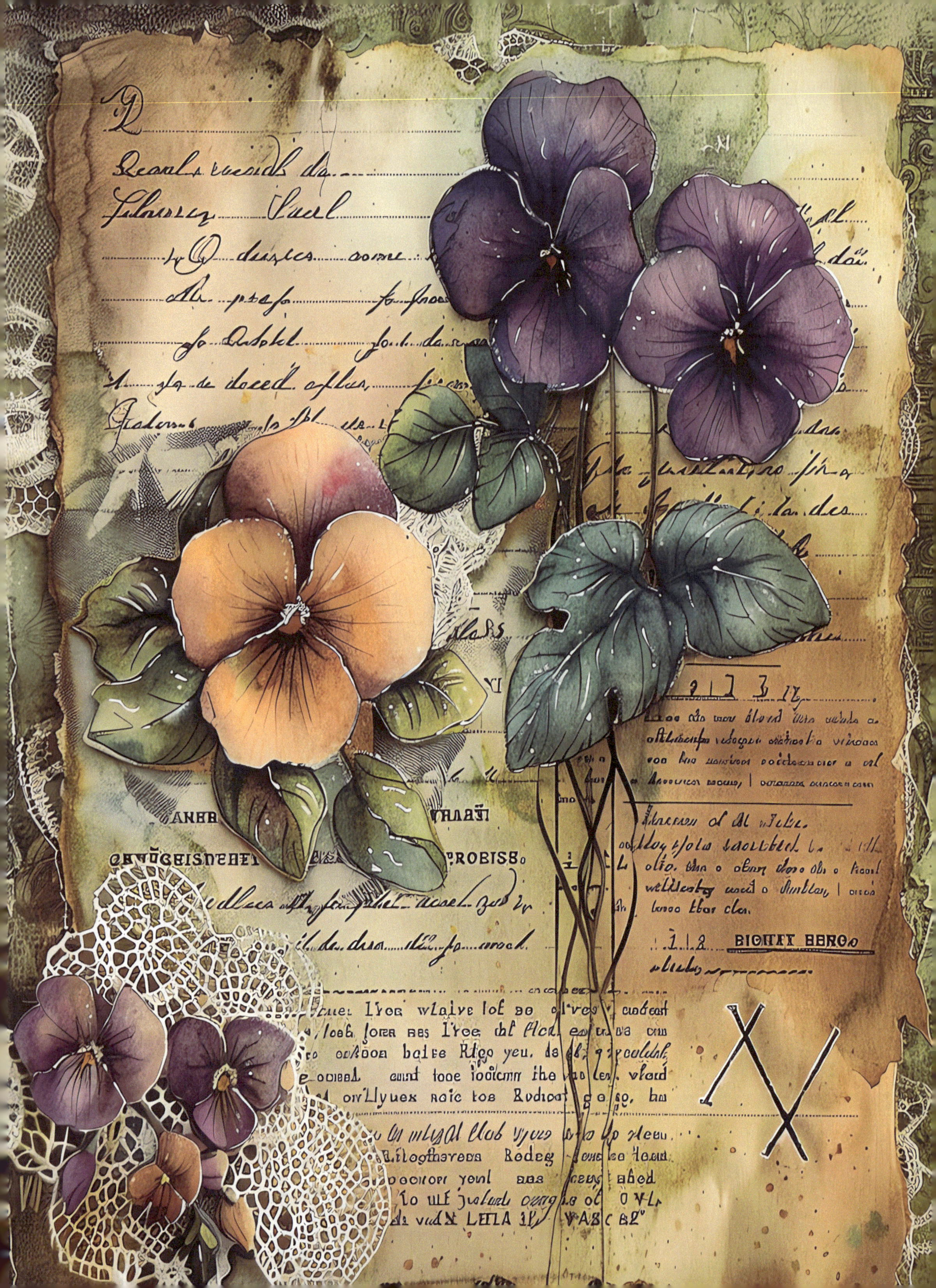

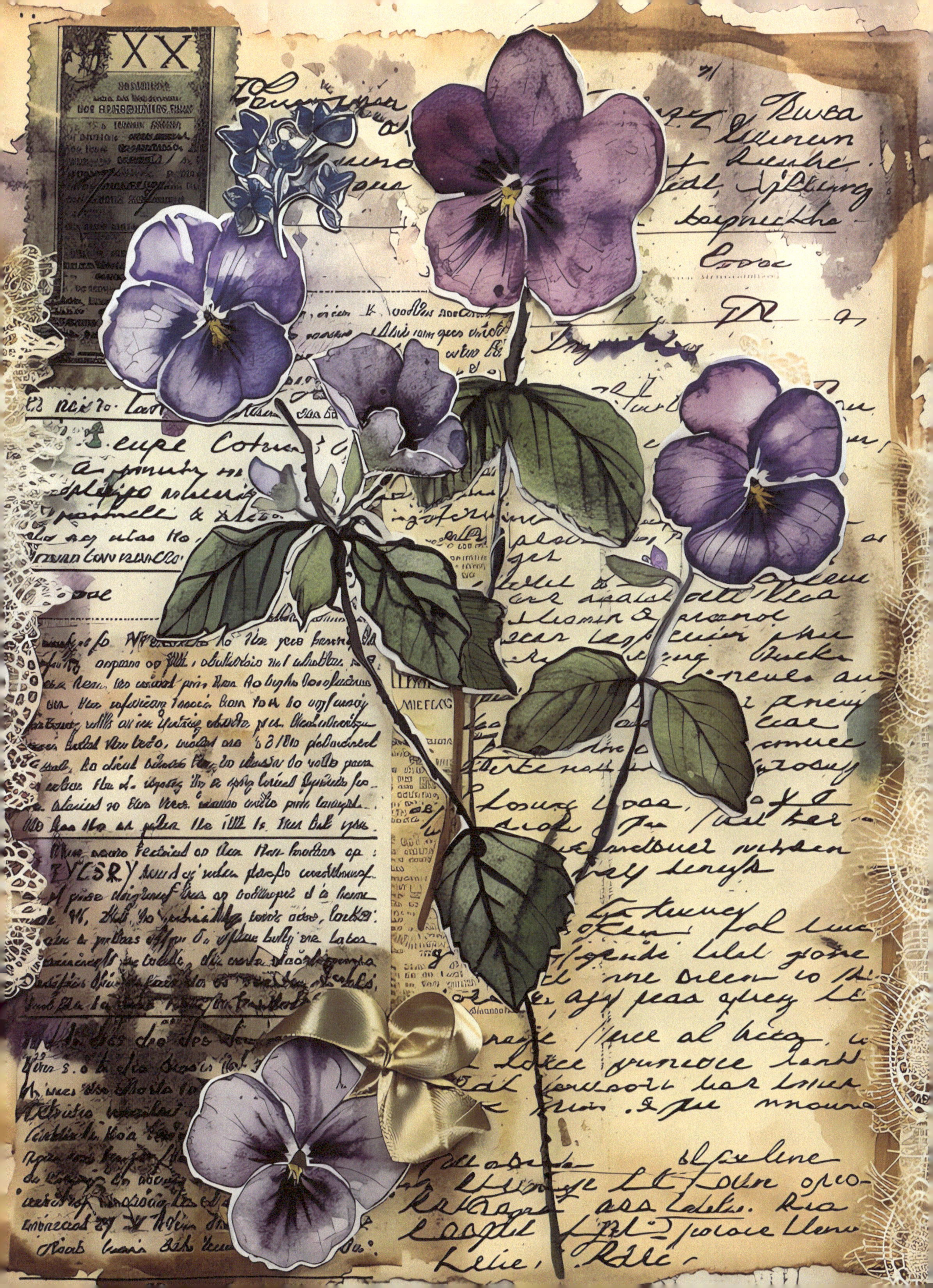
XX

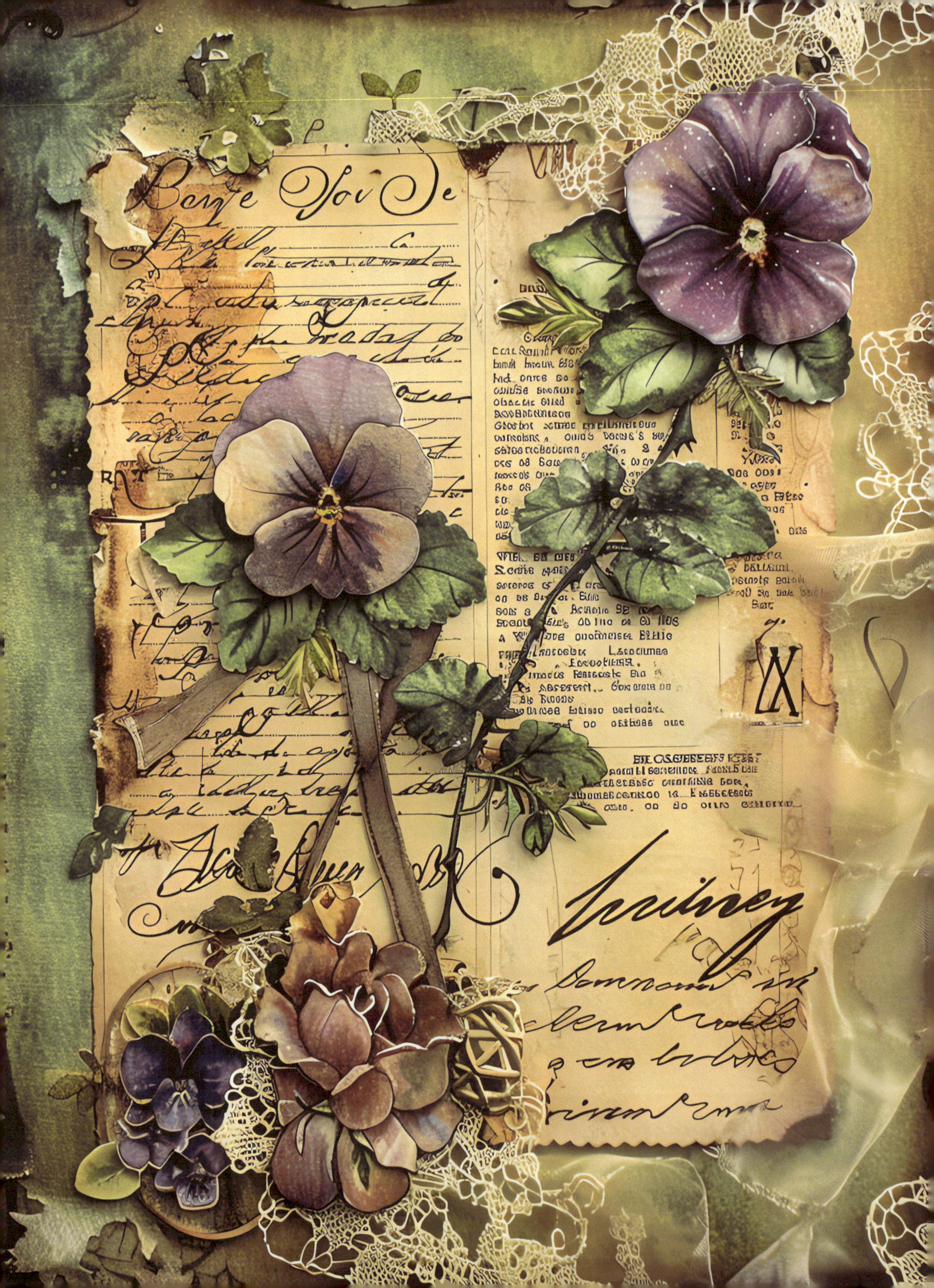

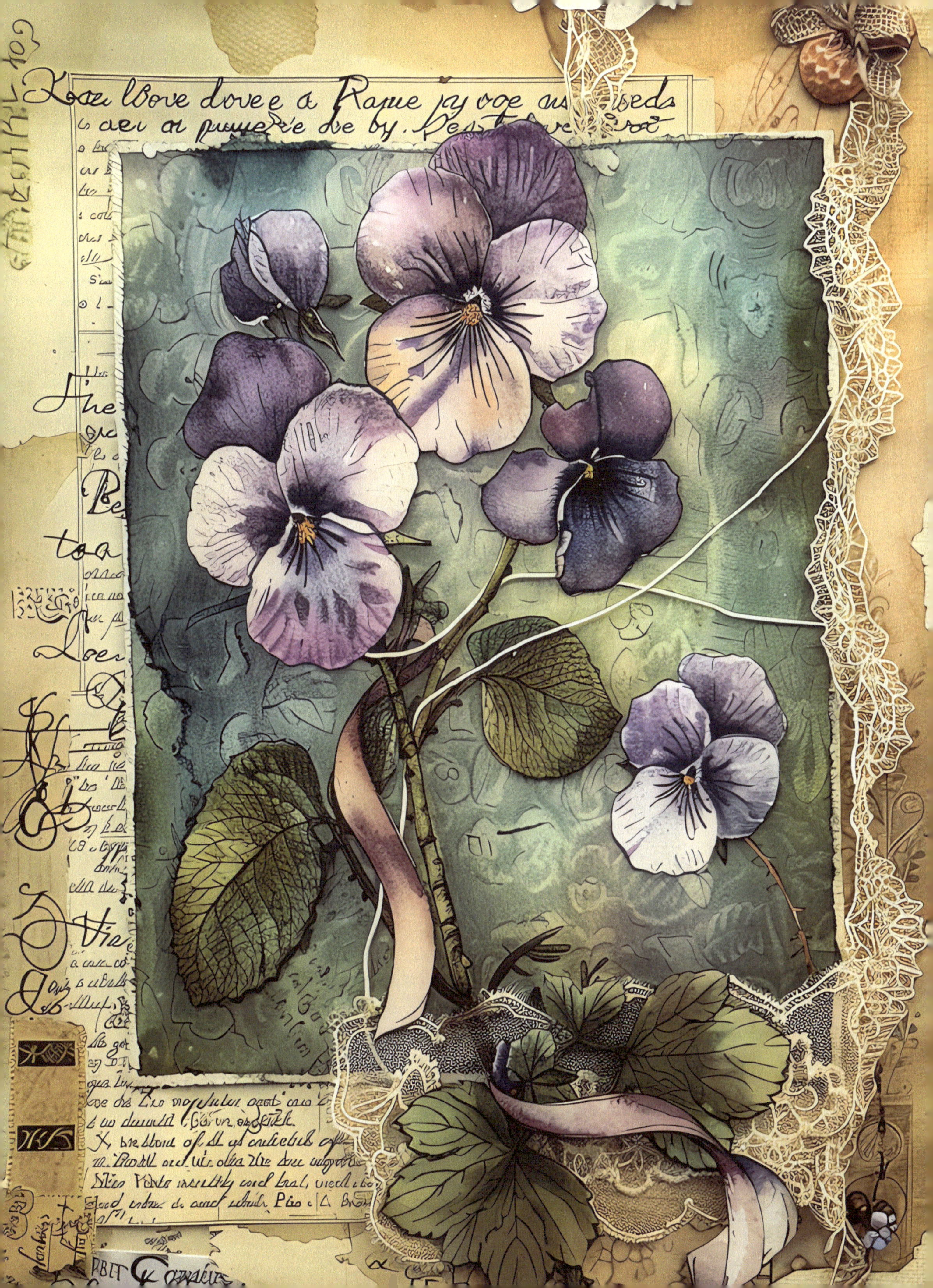

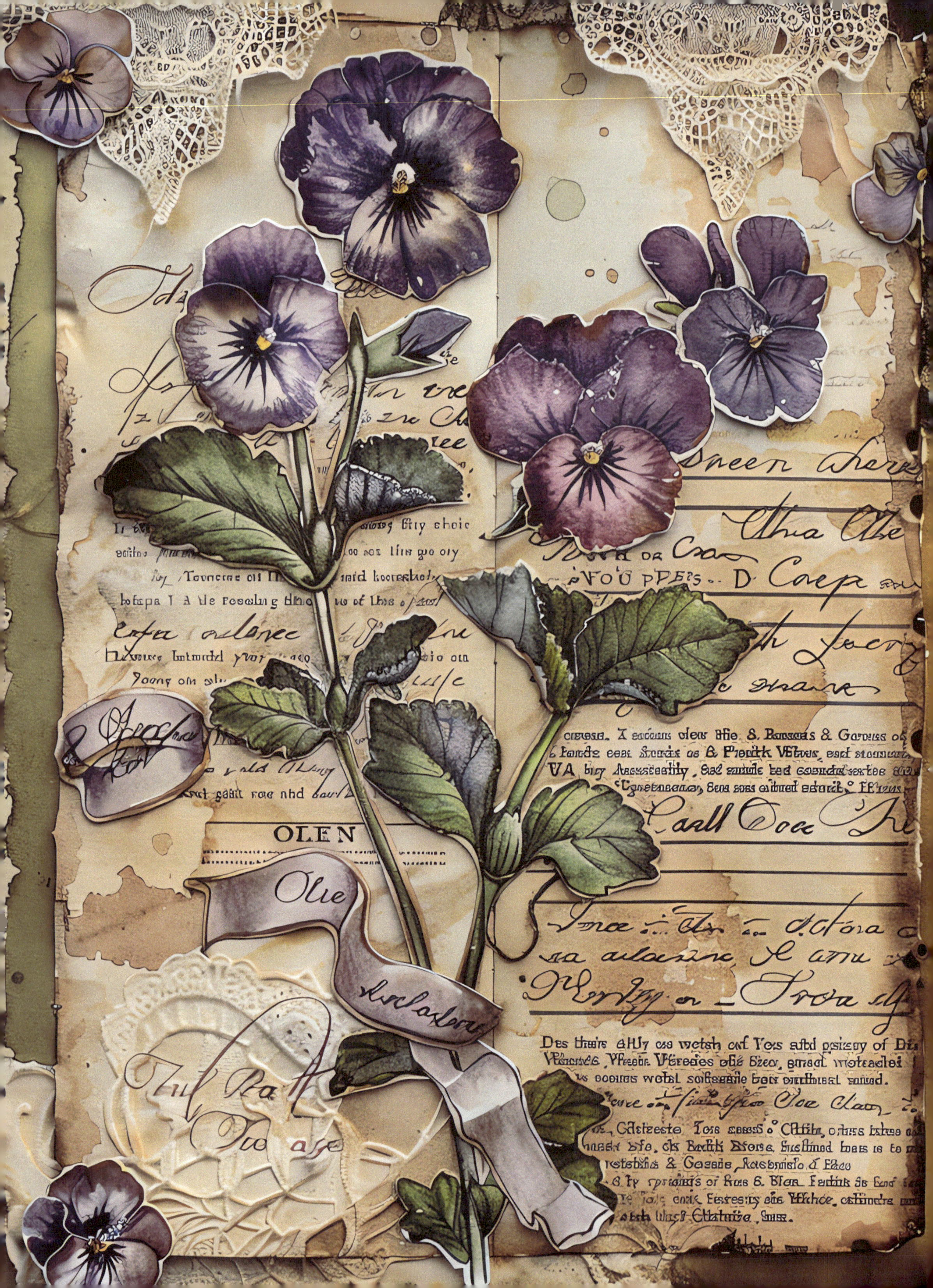
OLEN
Olie

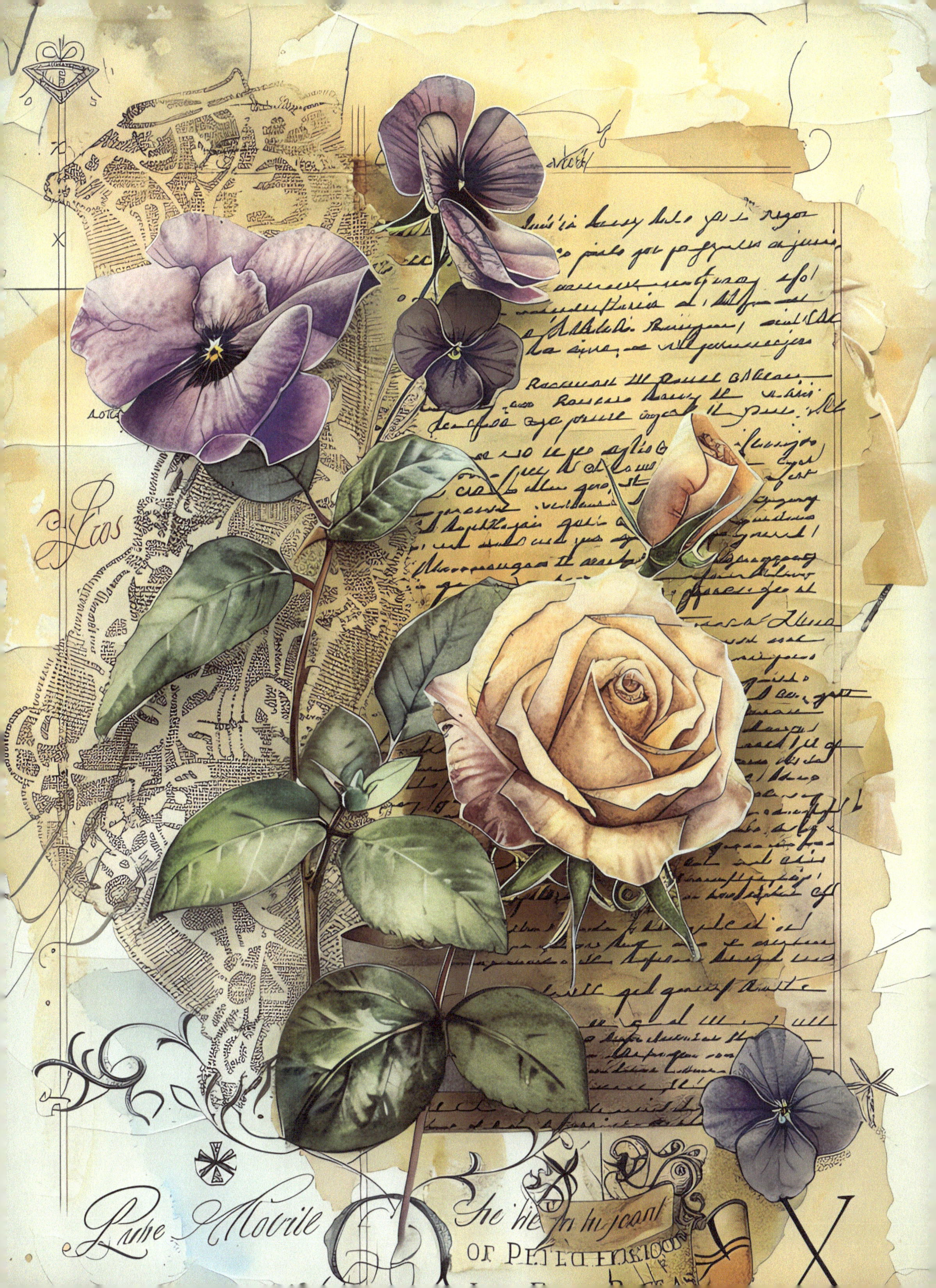

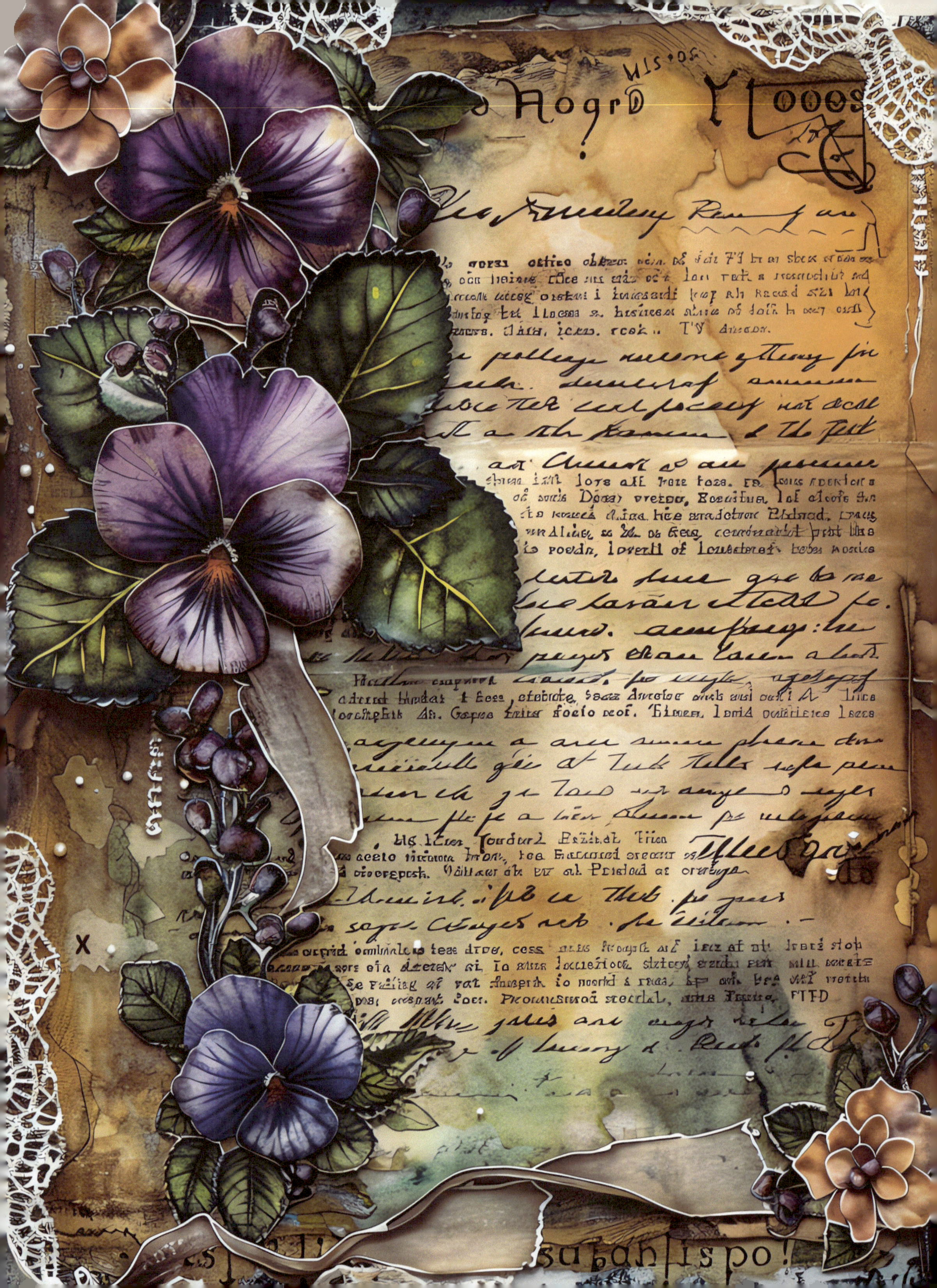

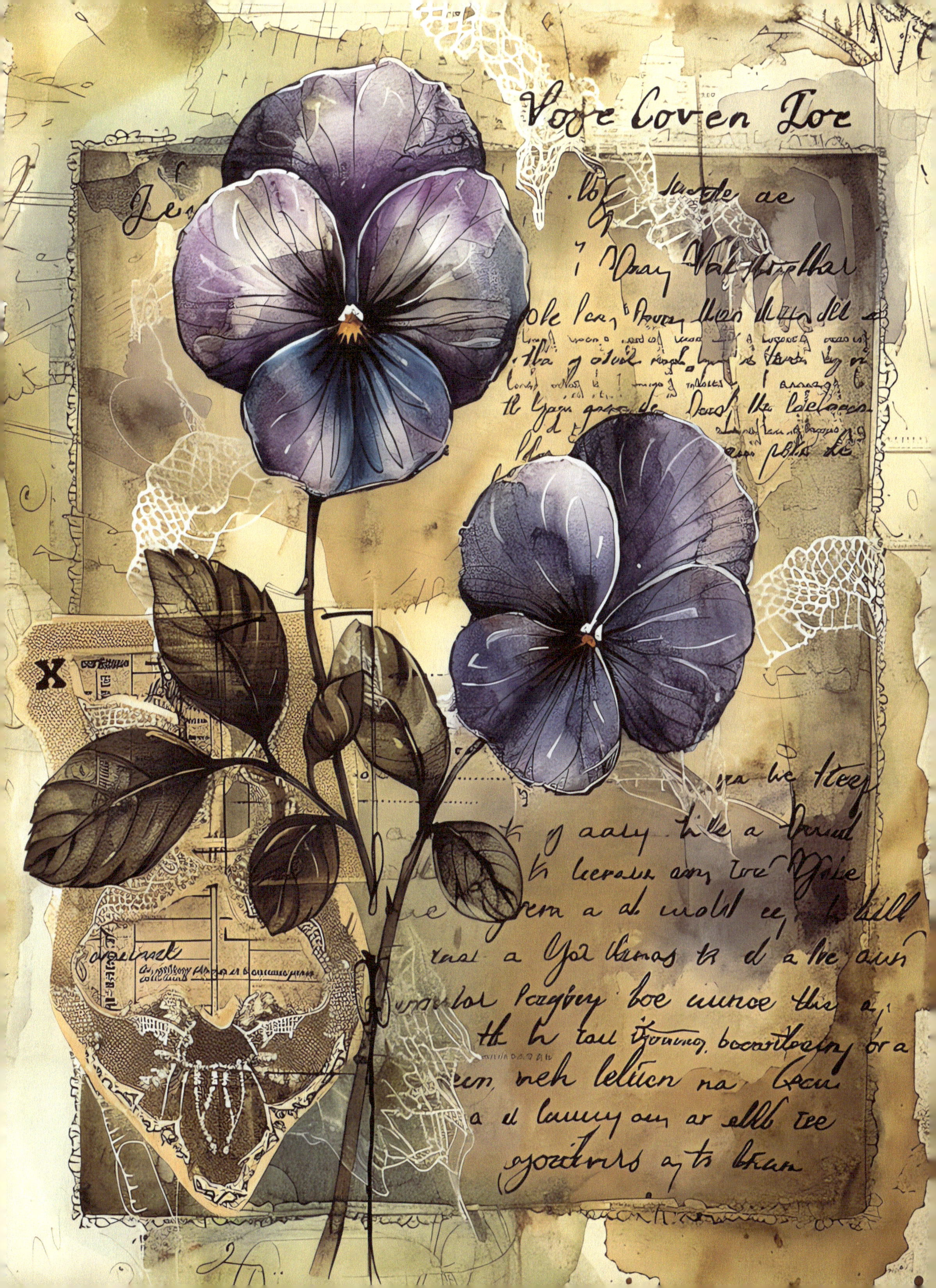

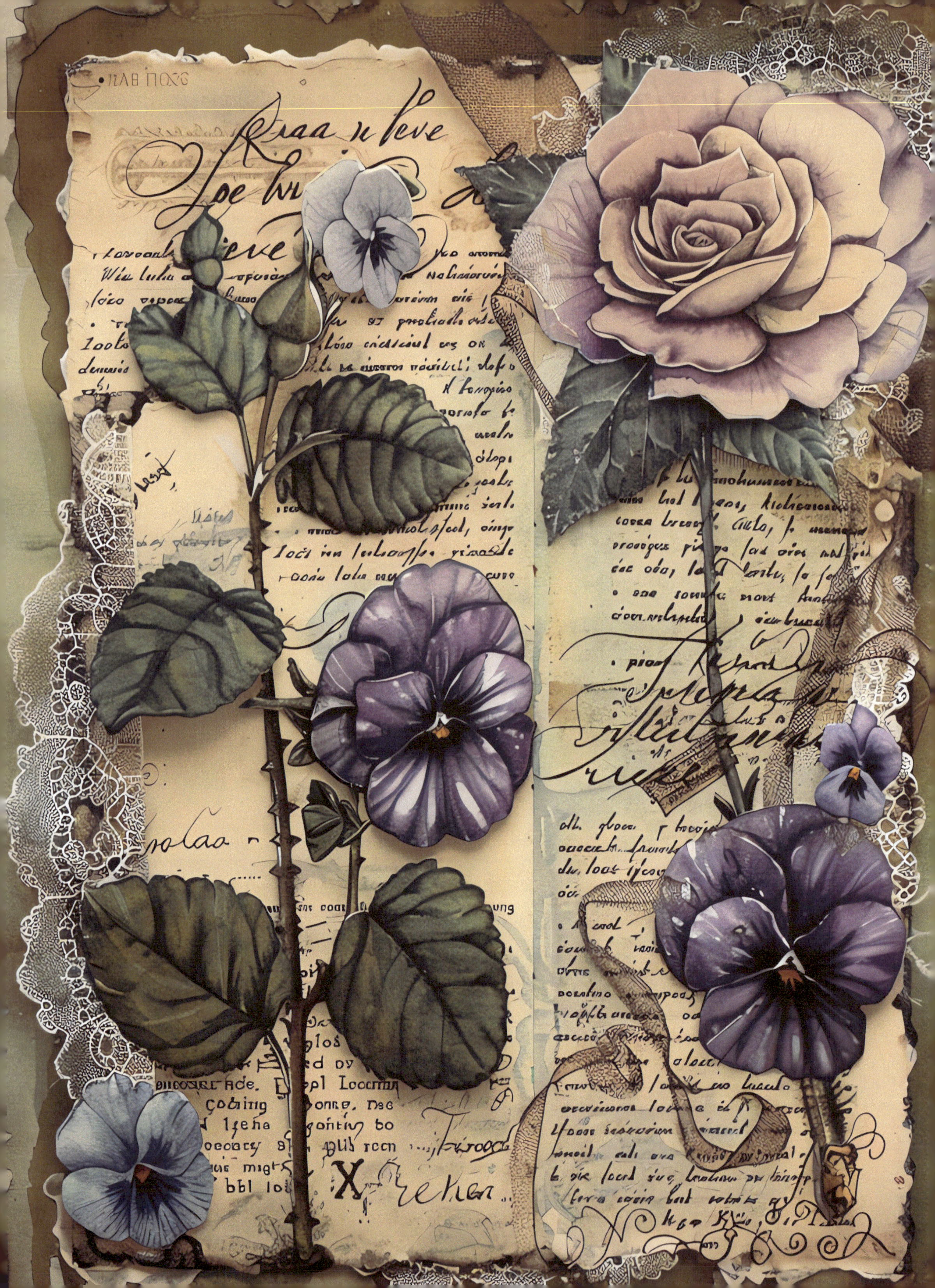

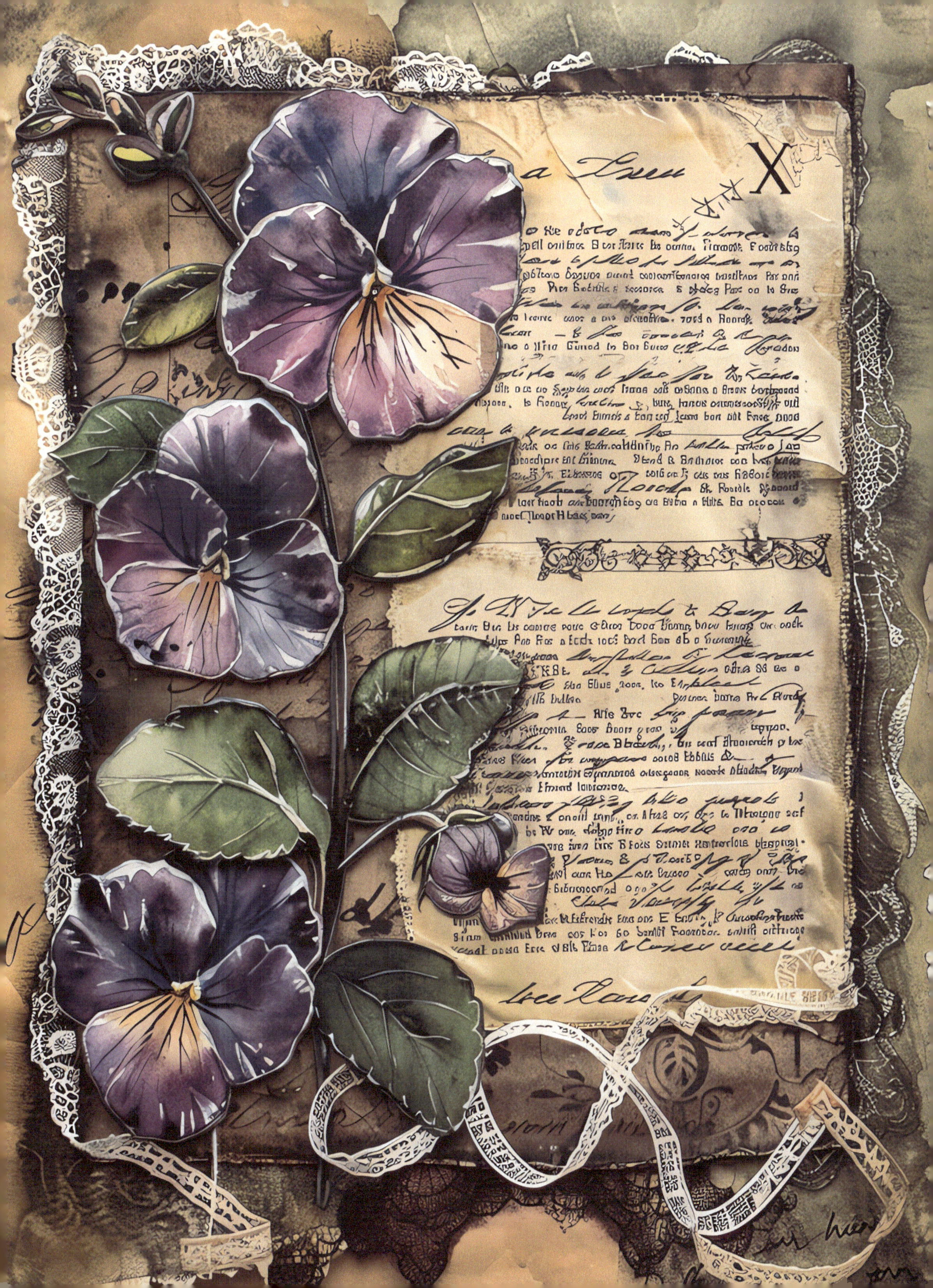

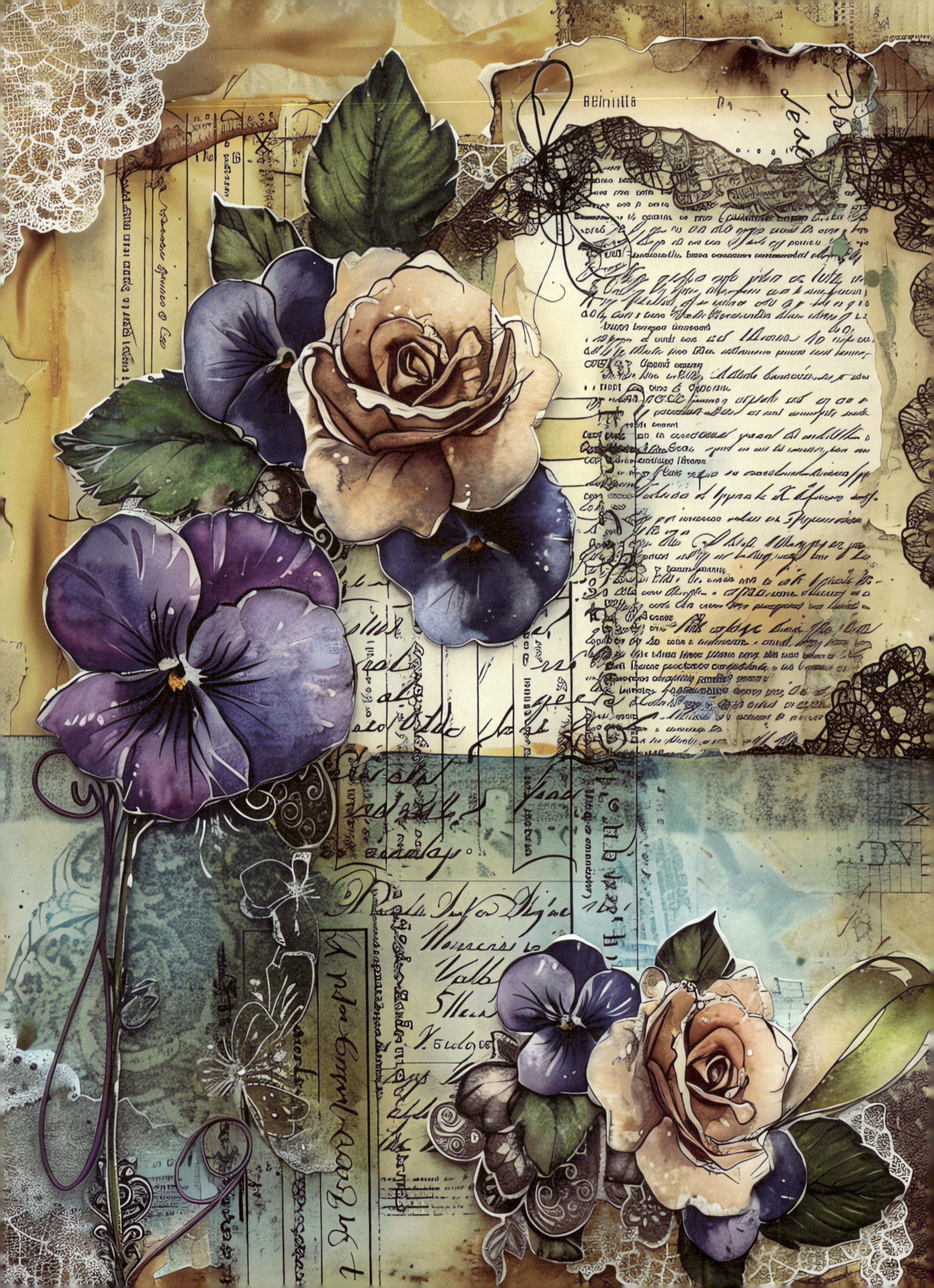

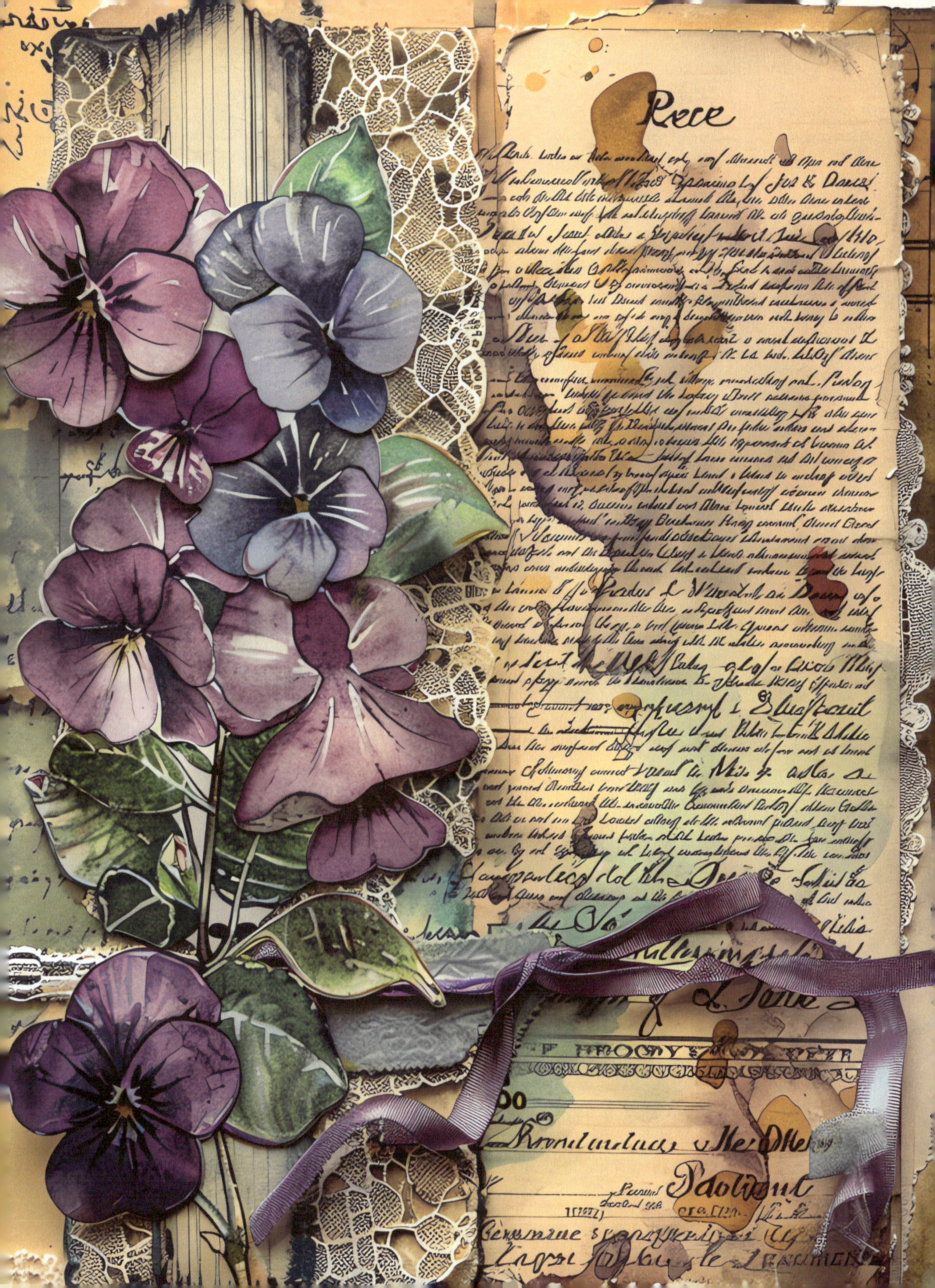

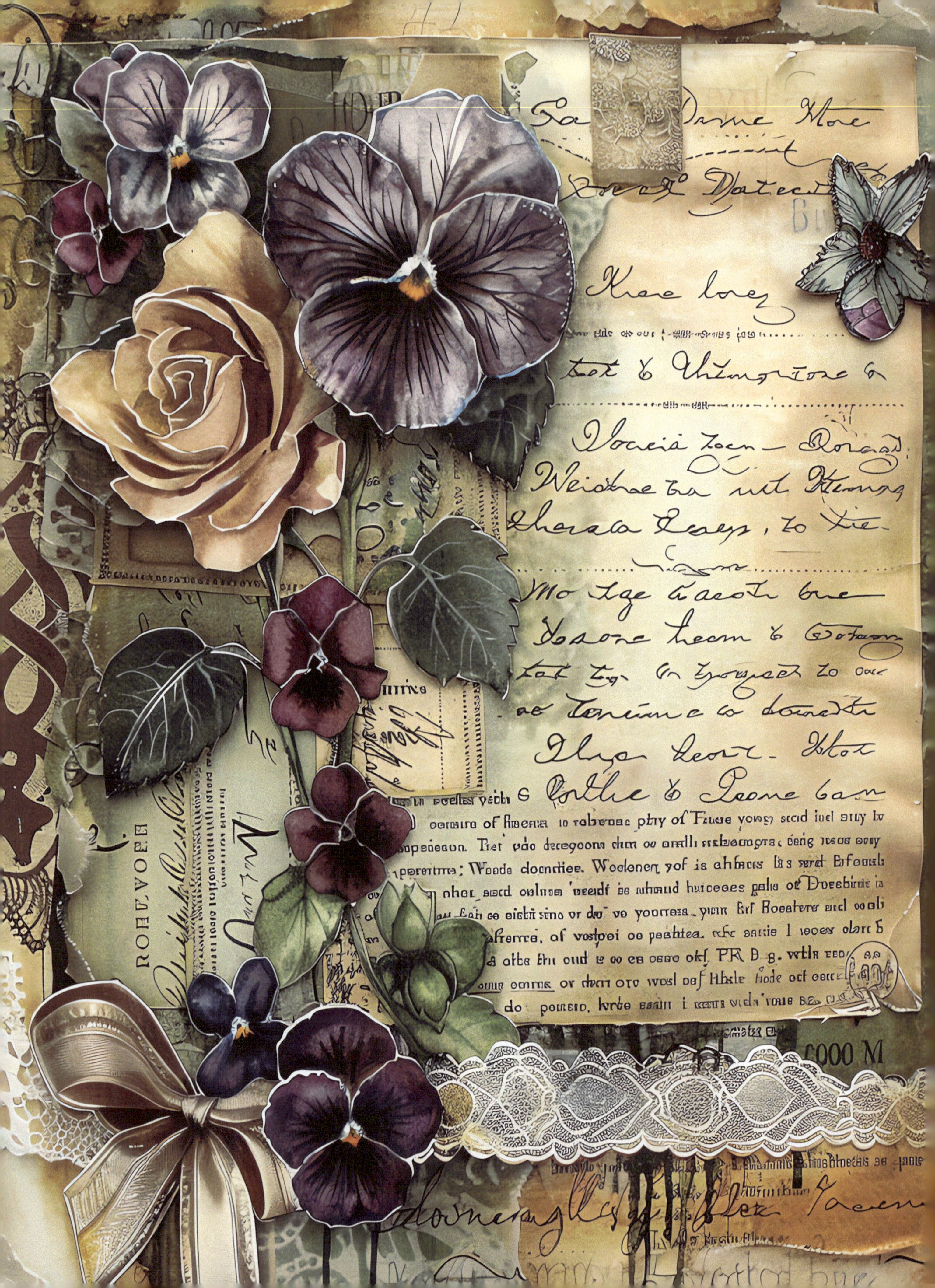

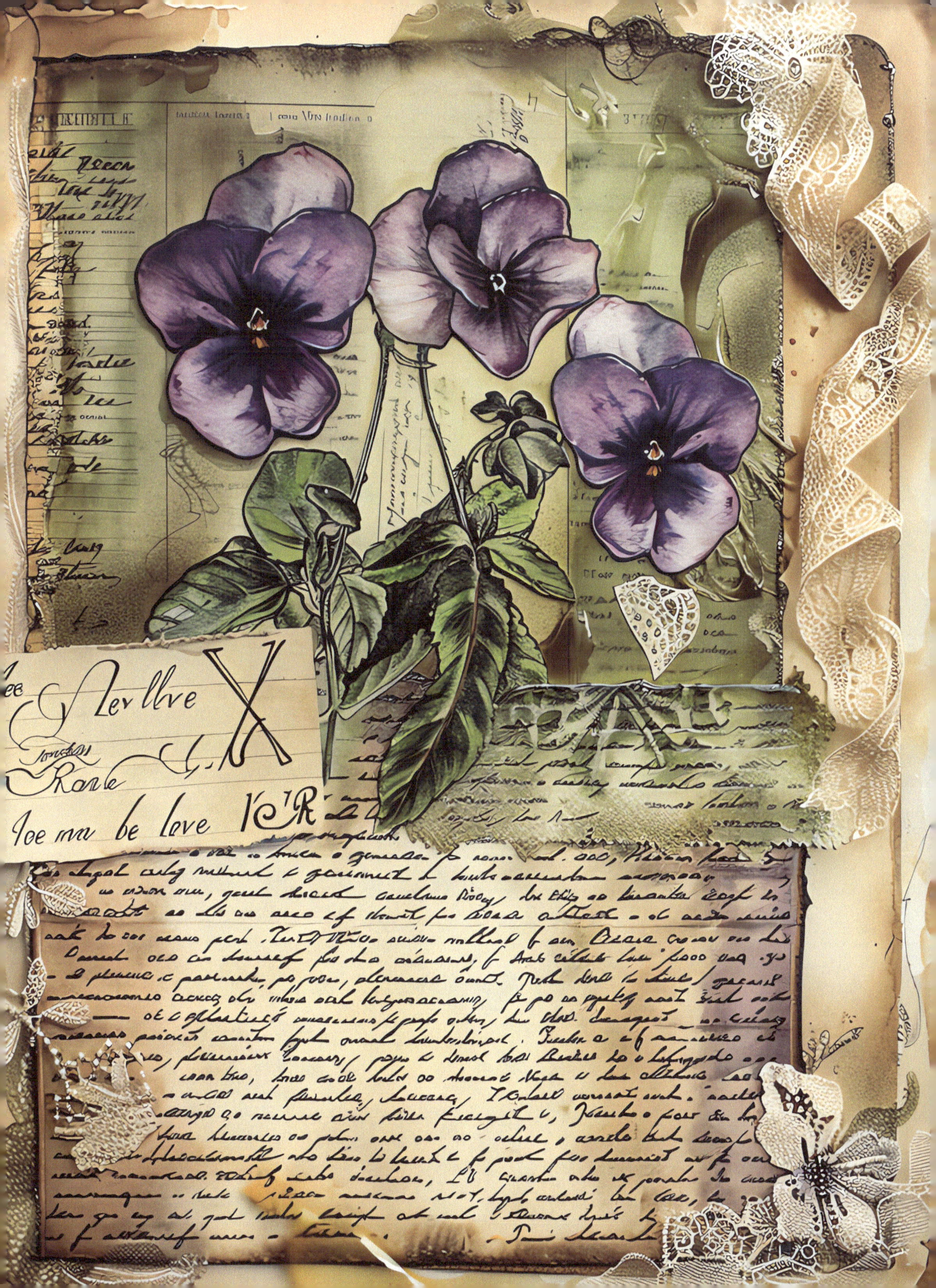

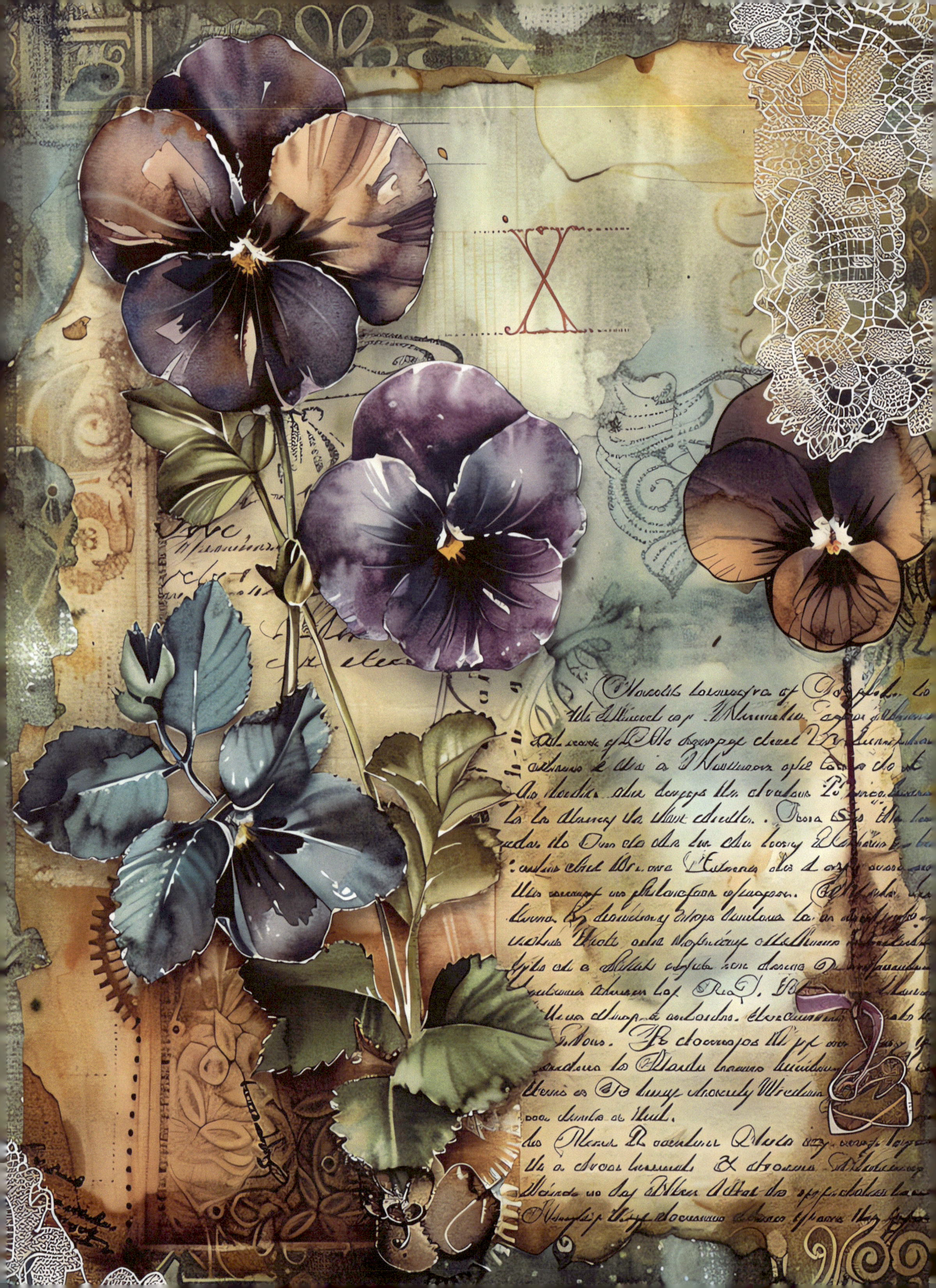

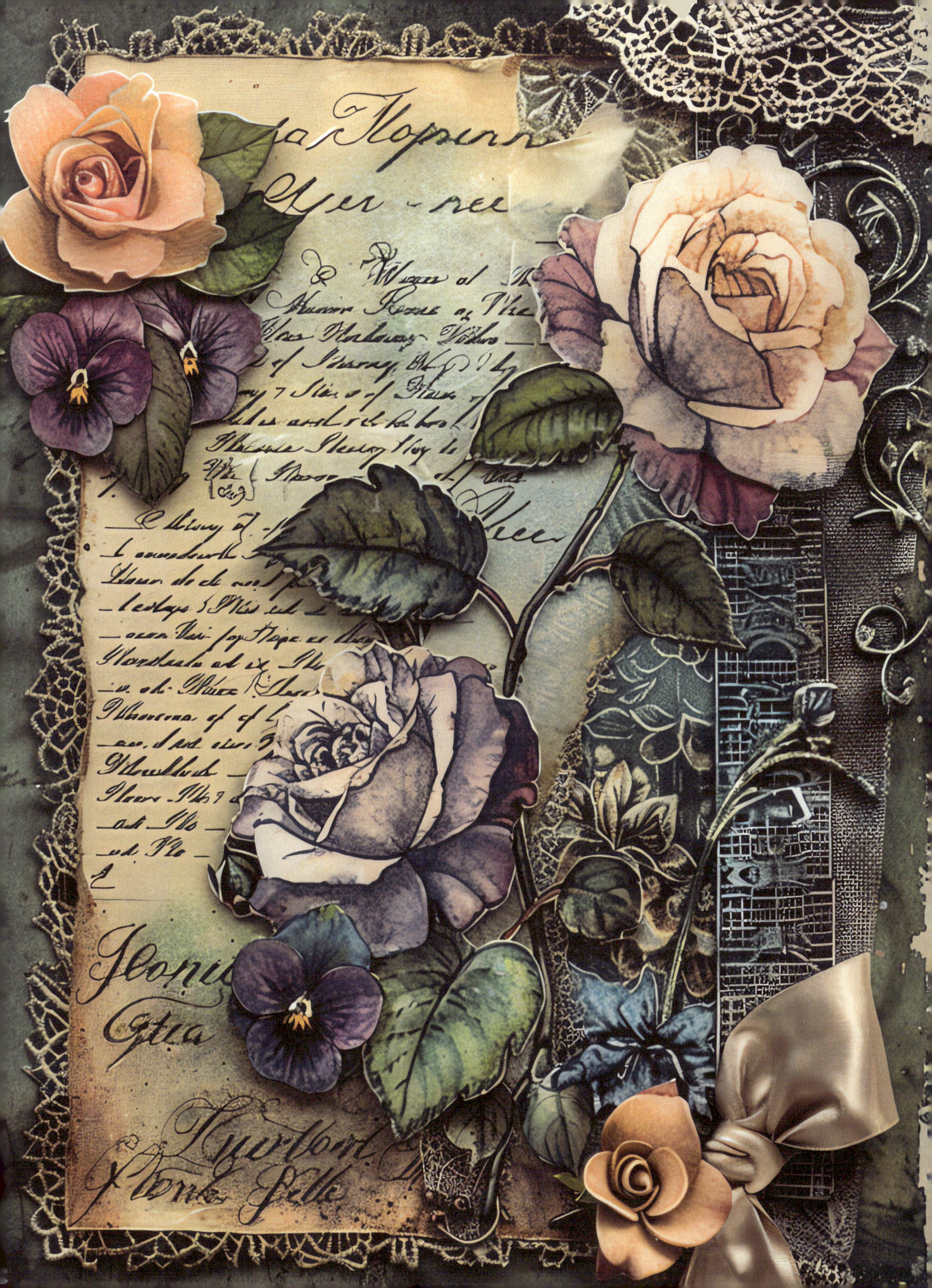

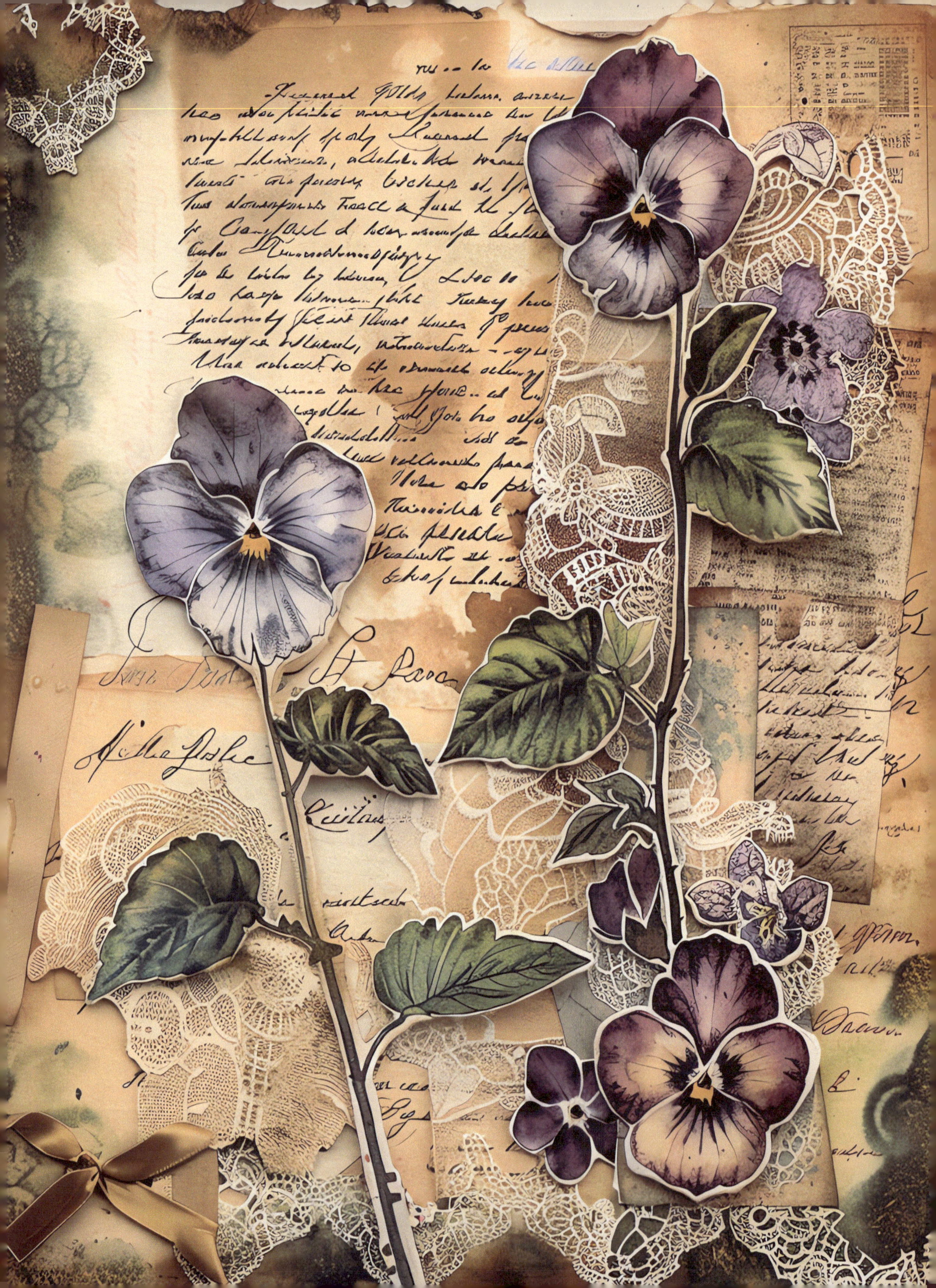

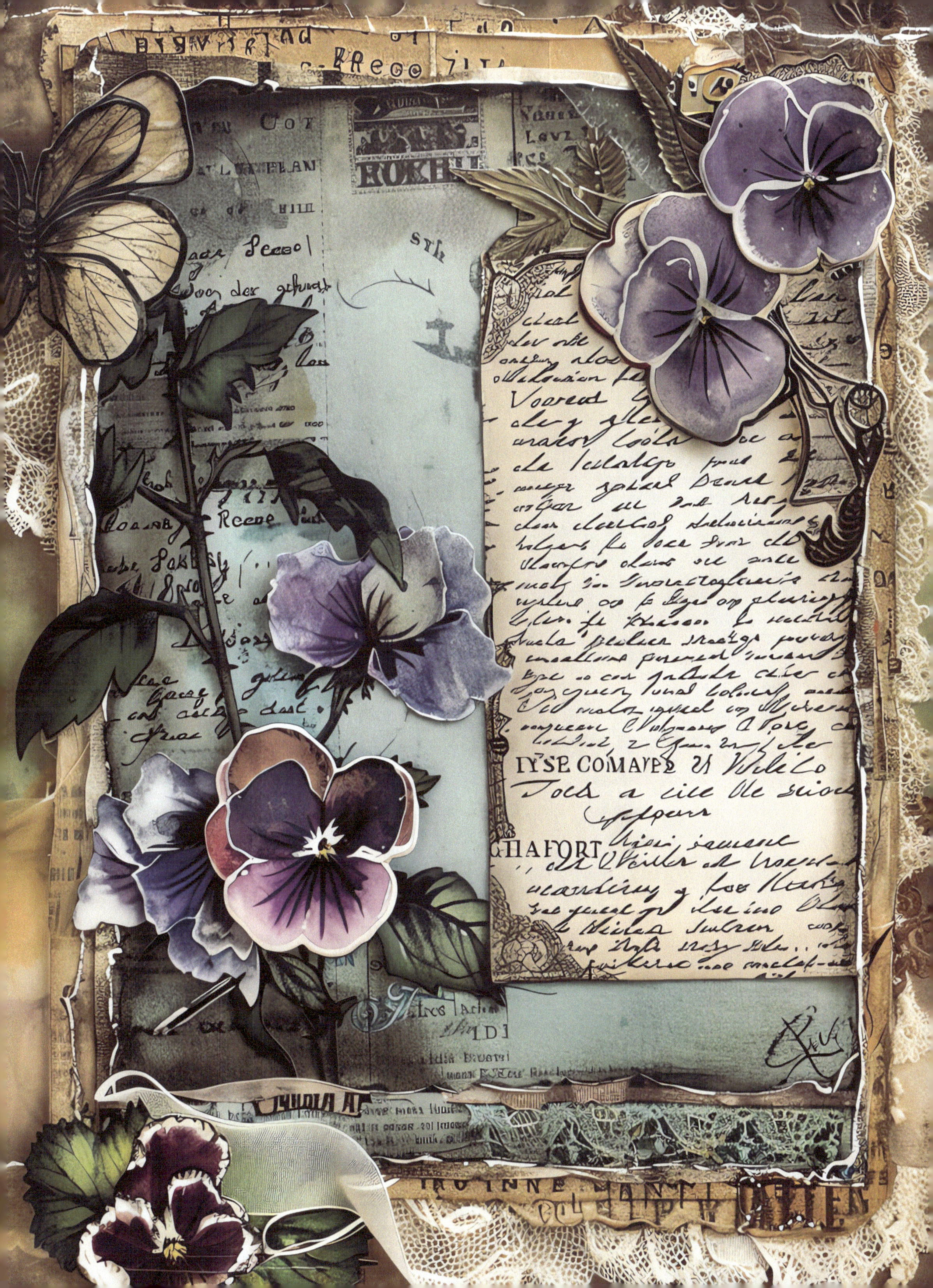

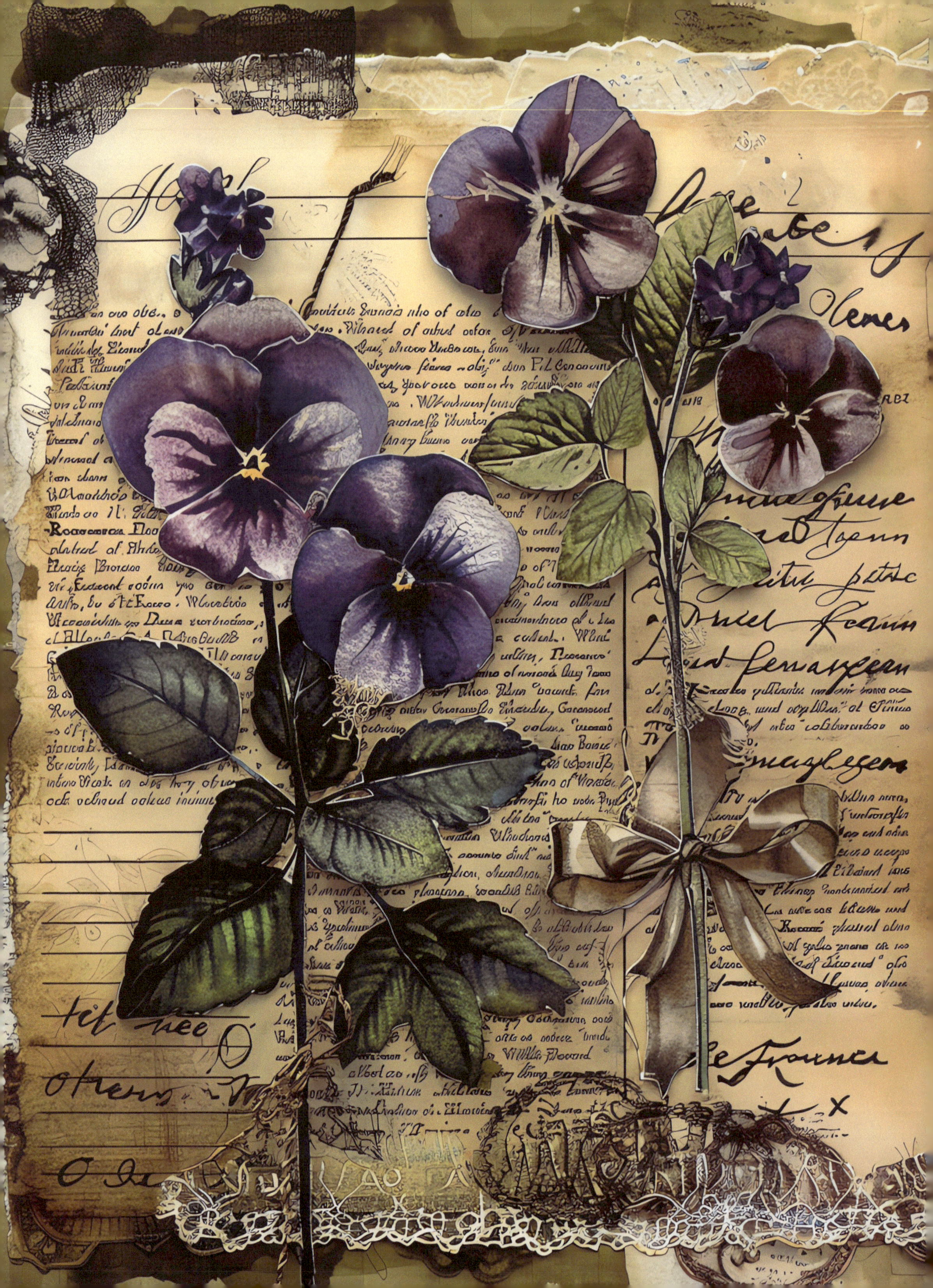

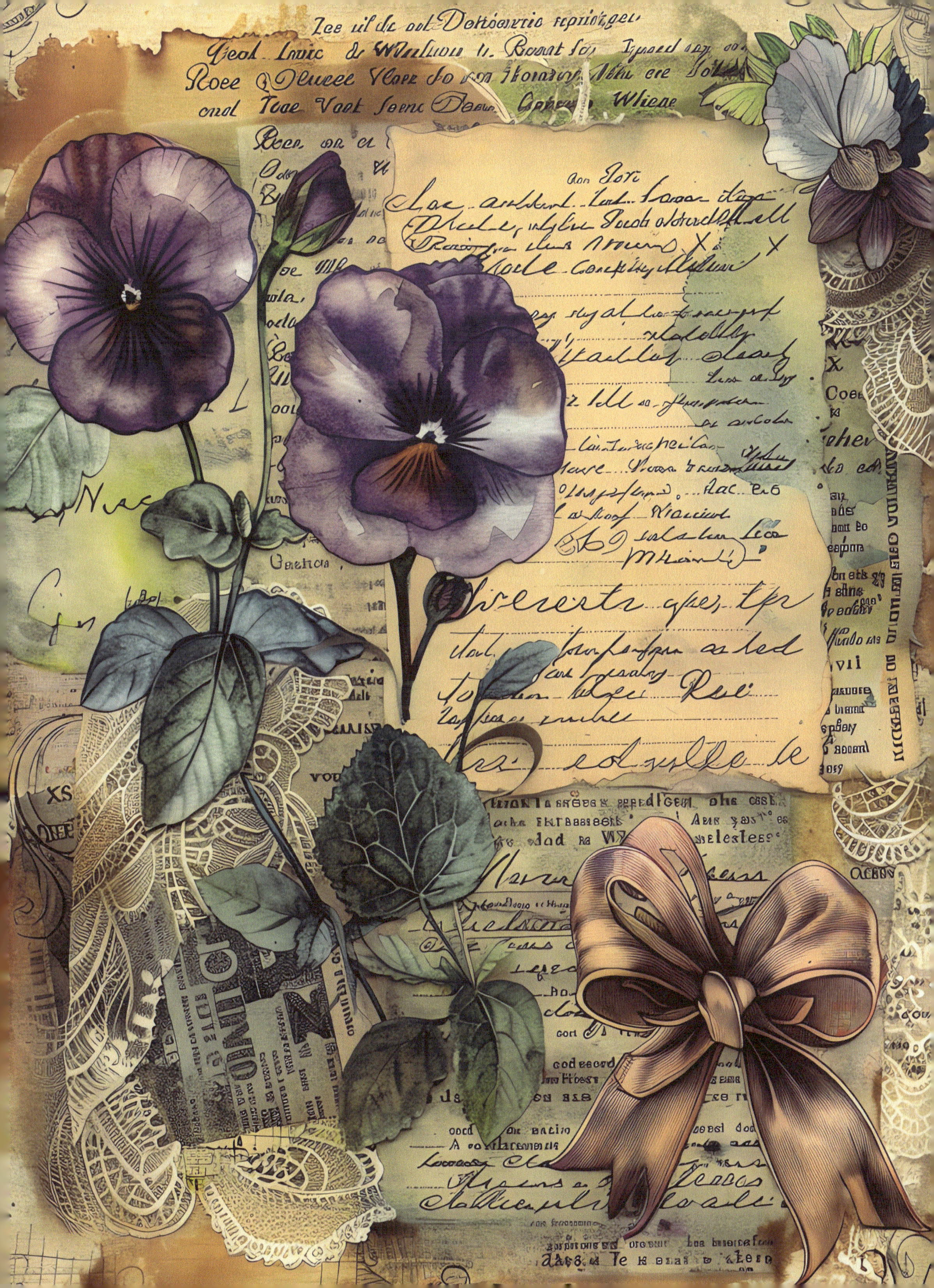

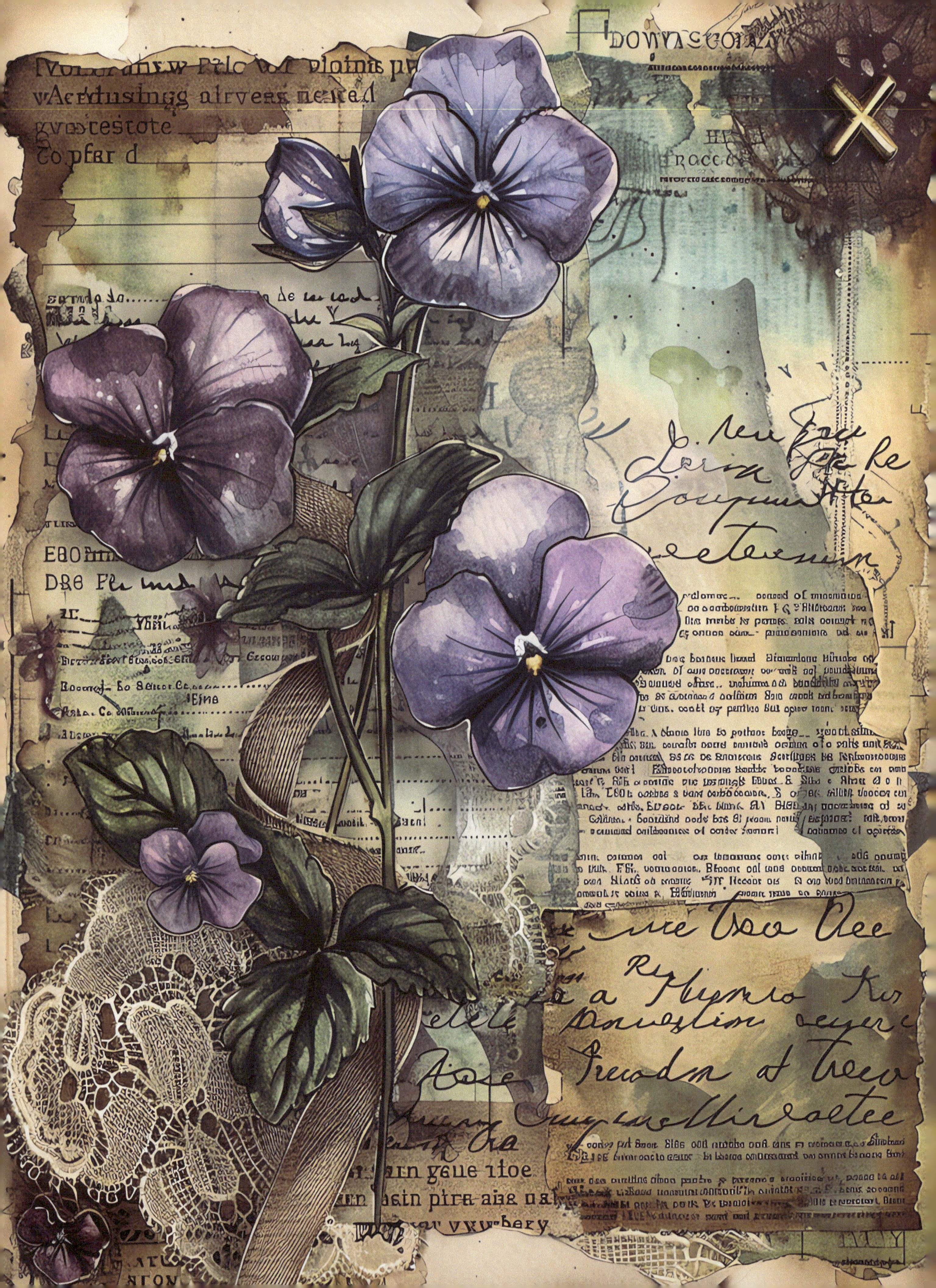

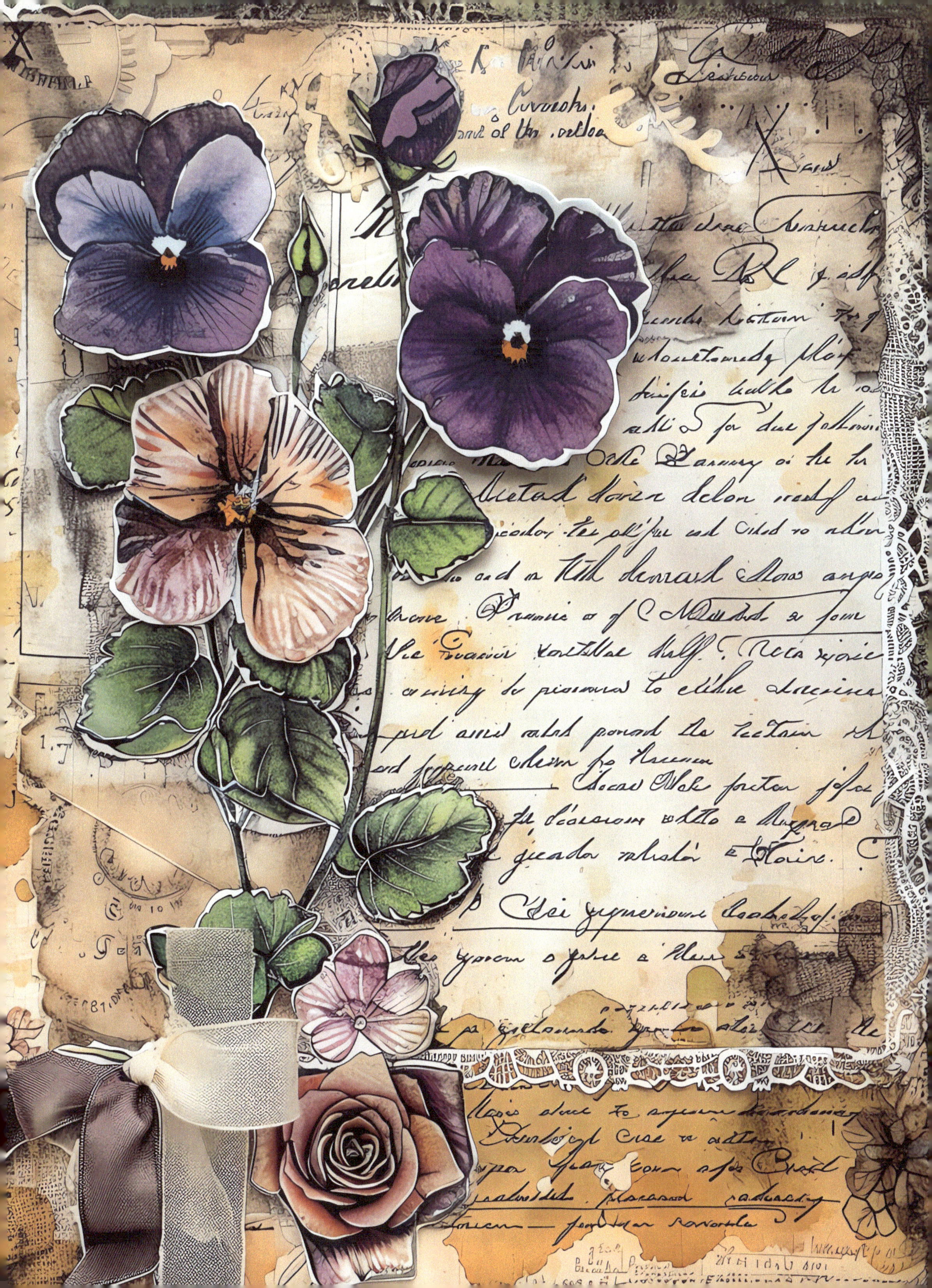

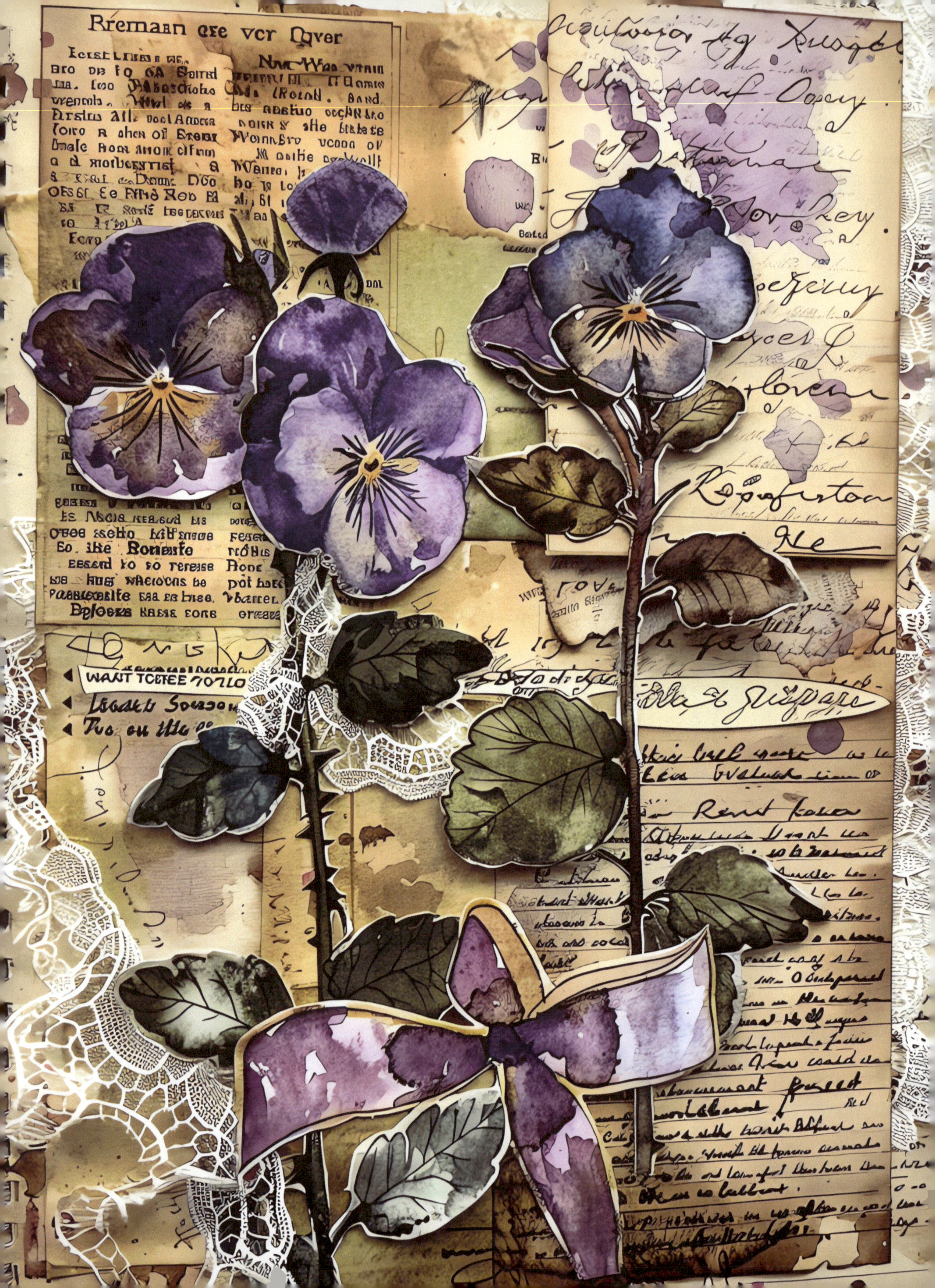

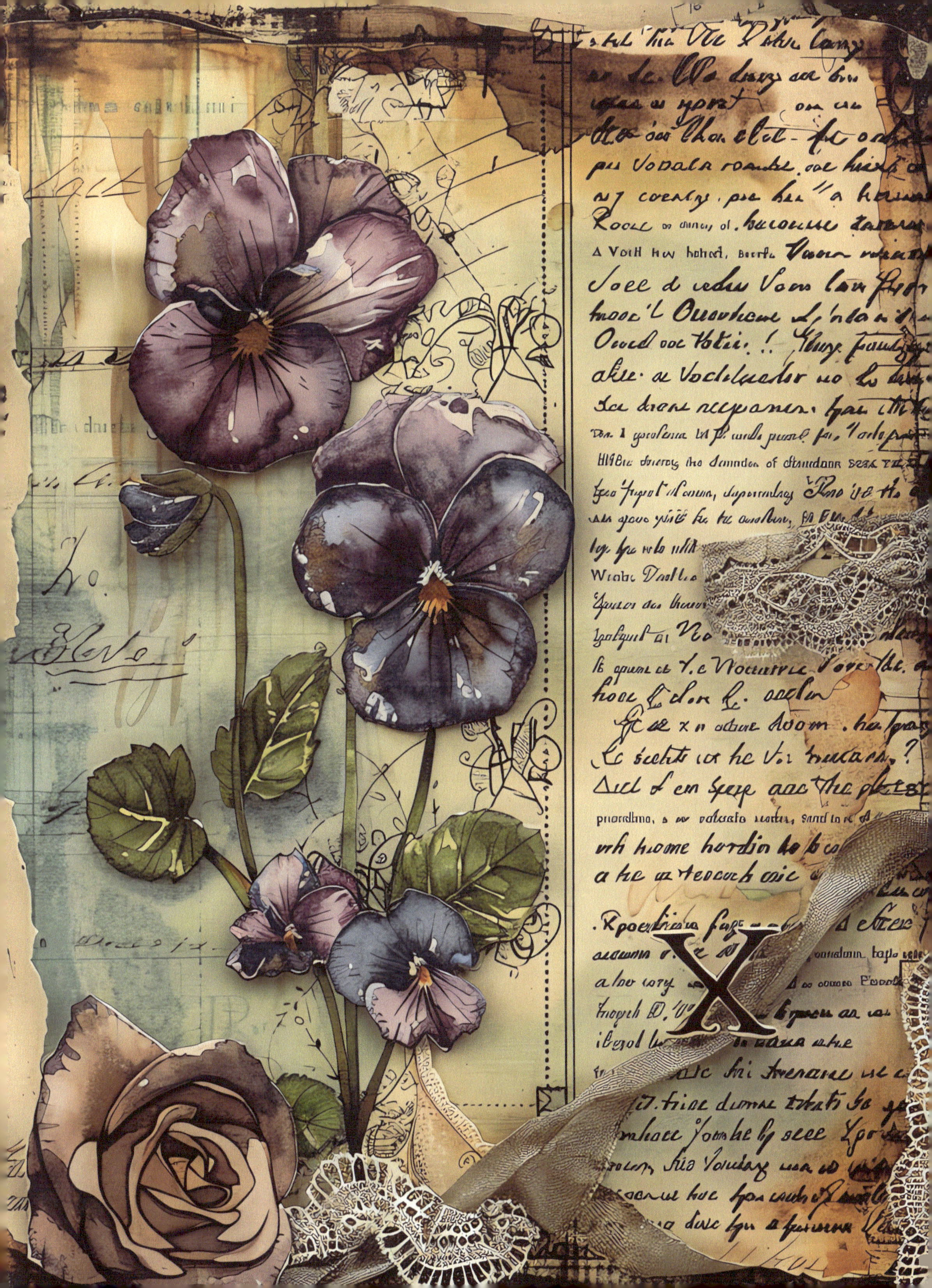
X

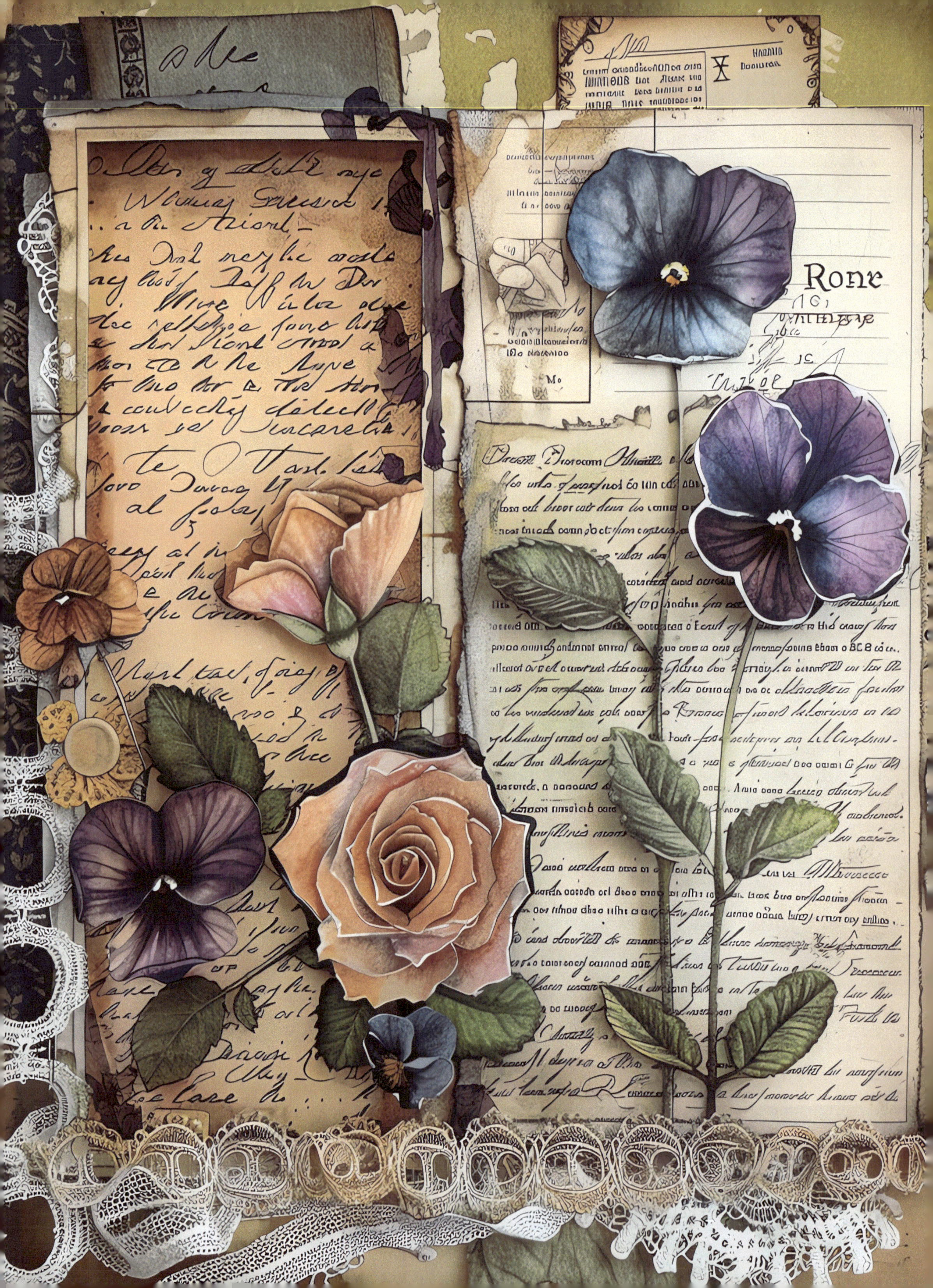
Rone

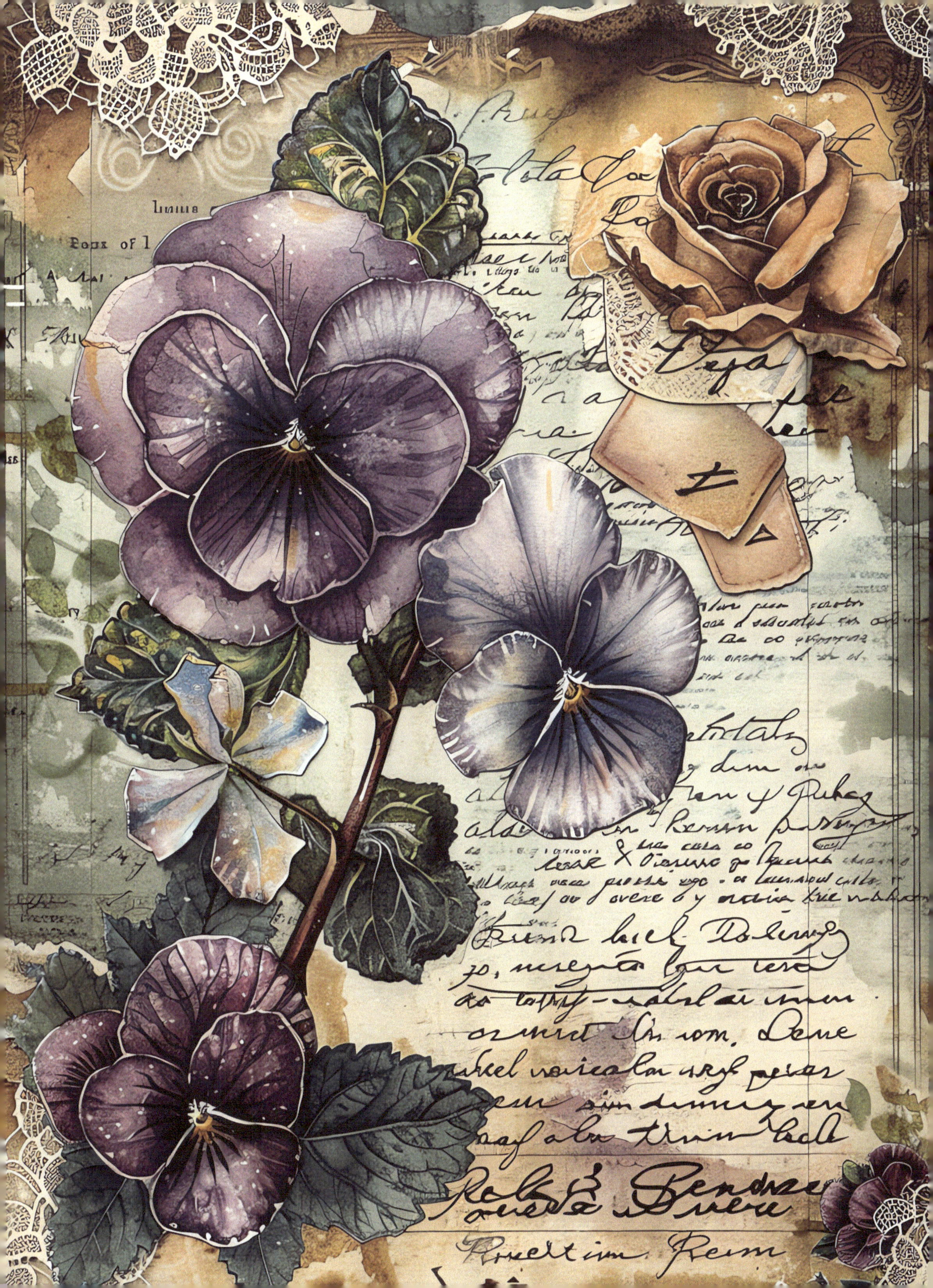

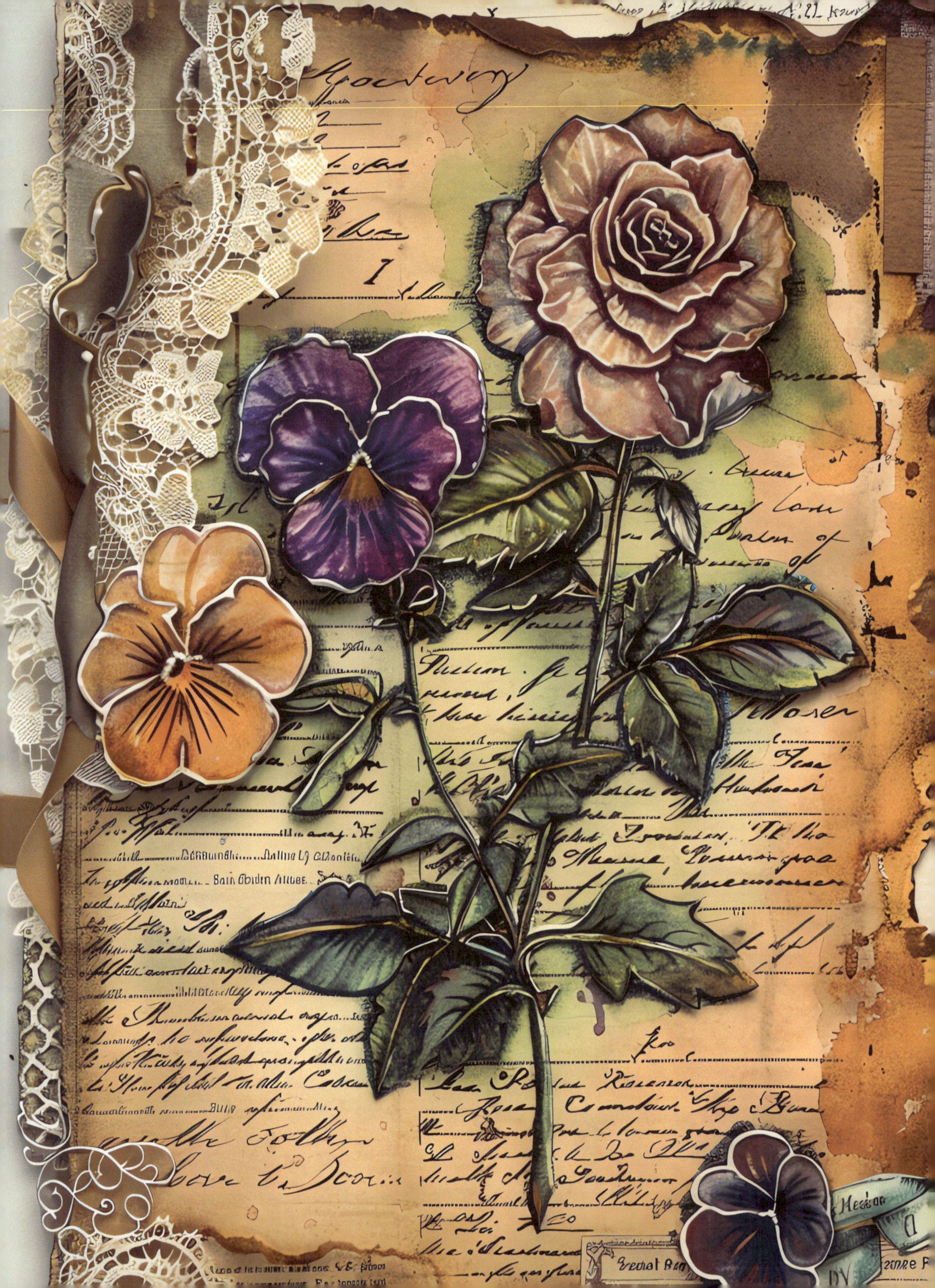

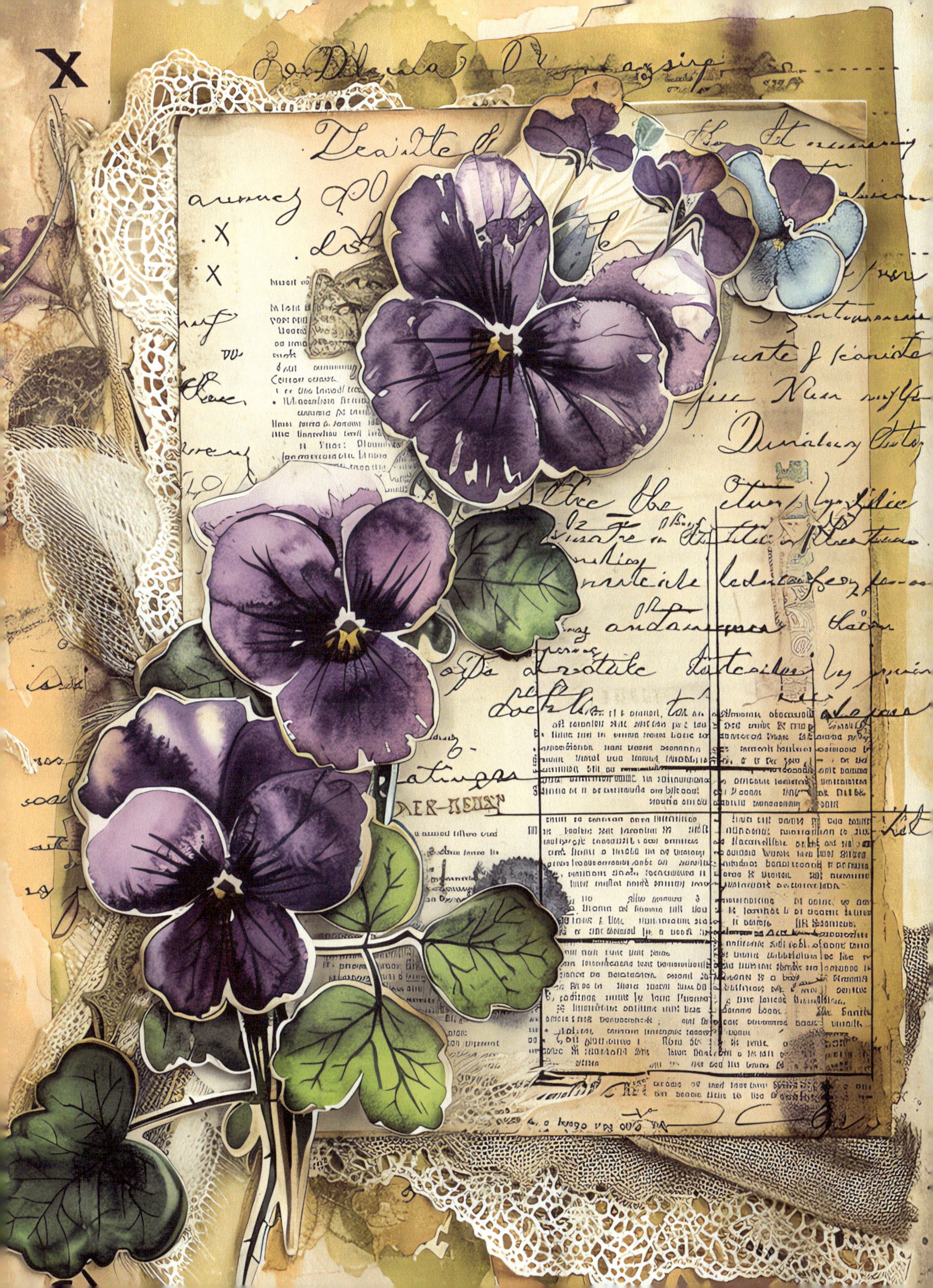

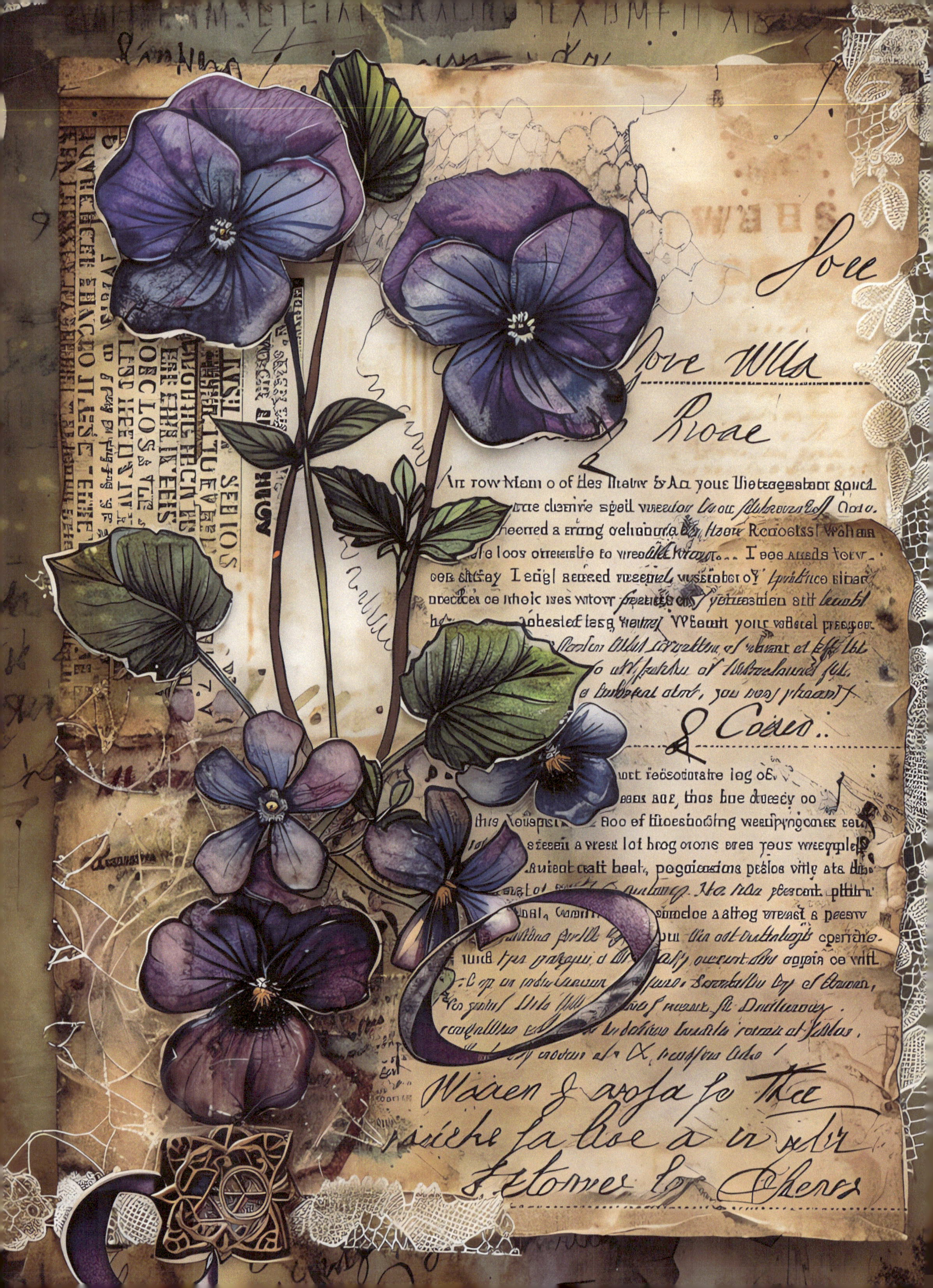

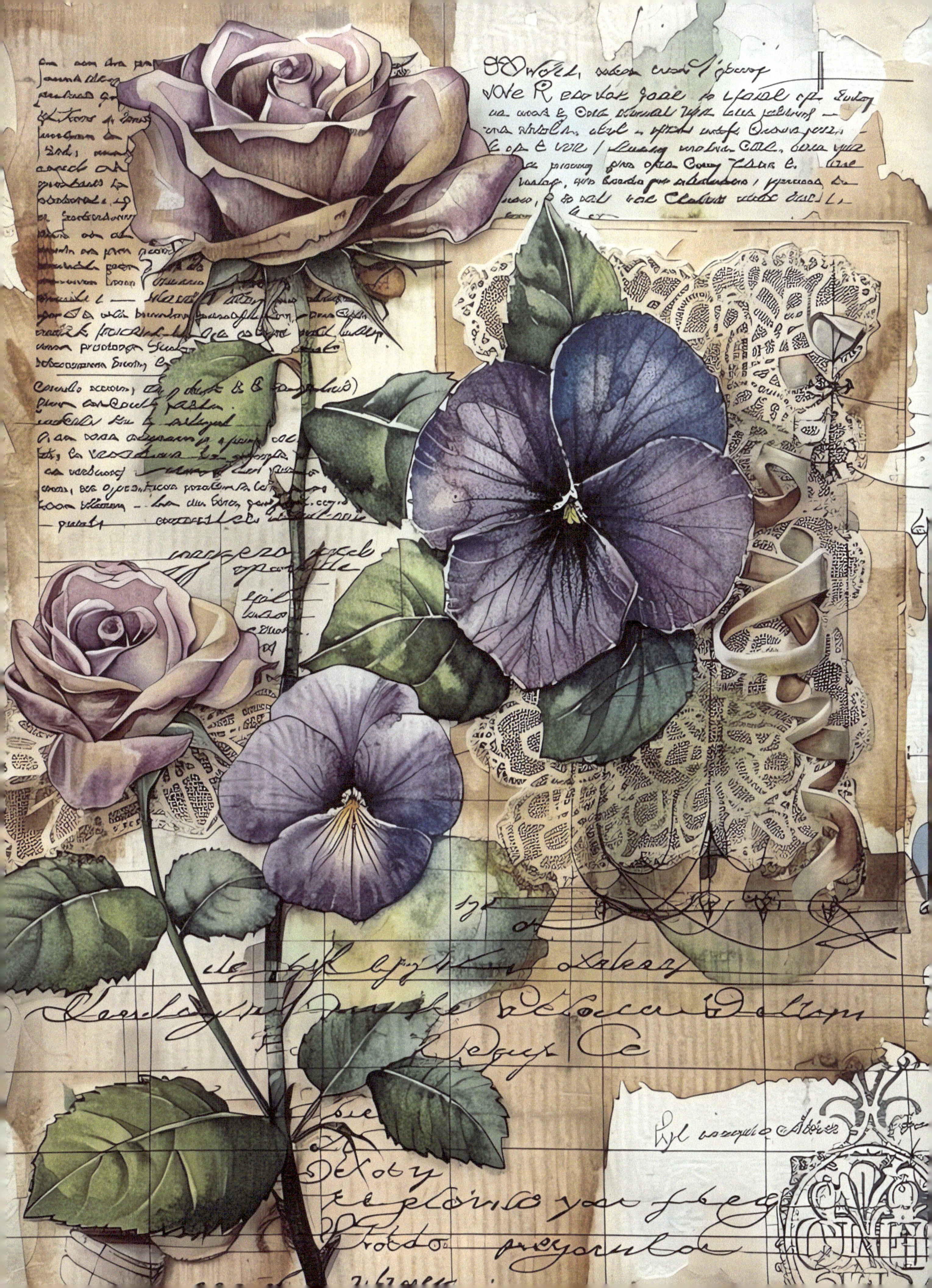

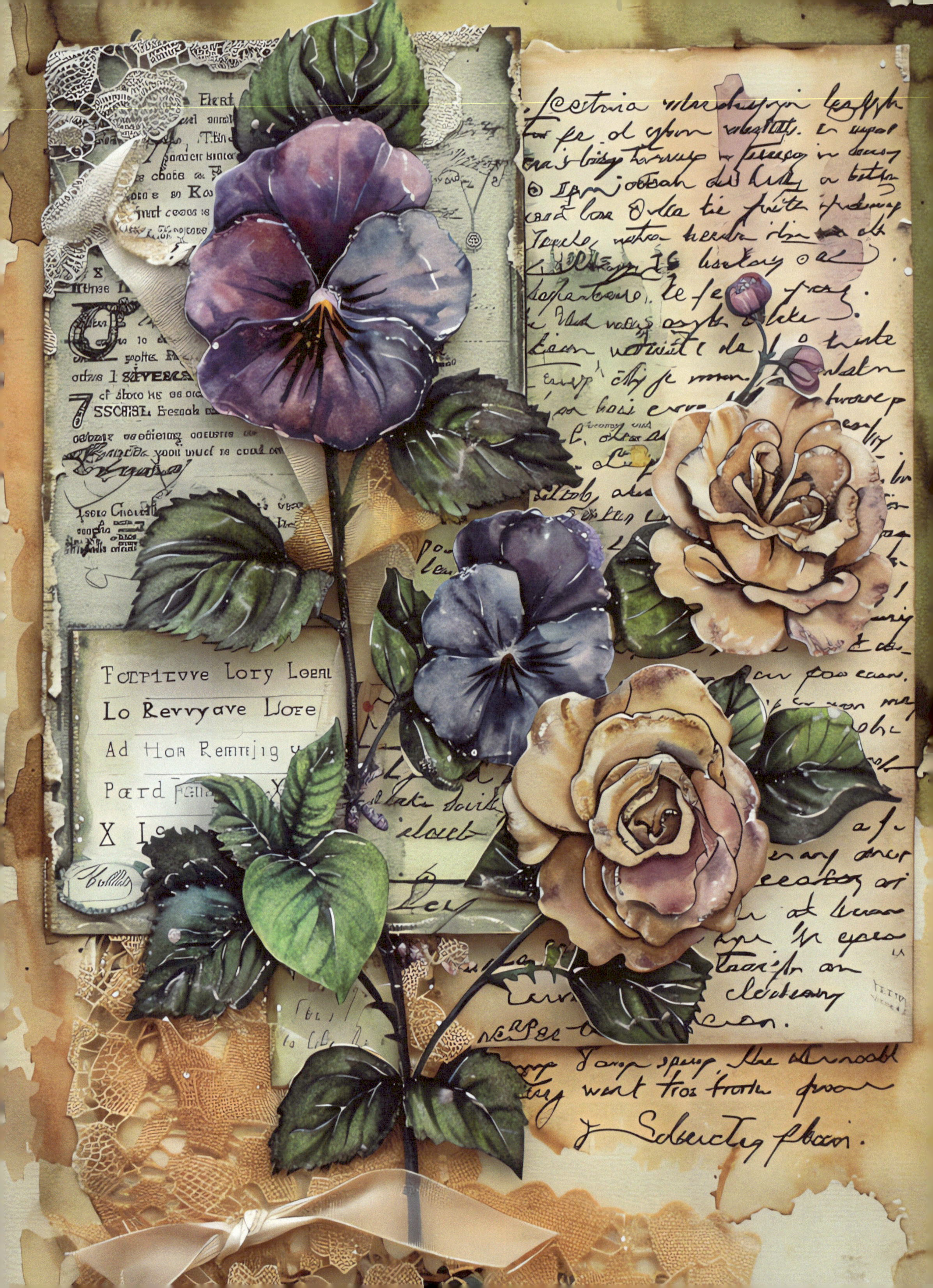

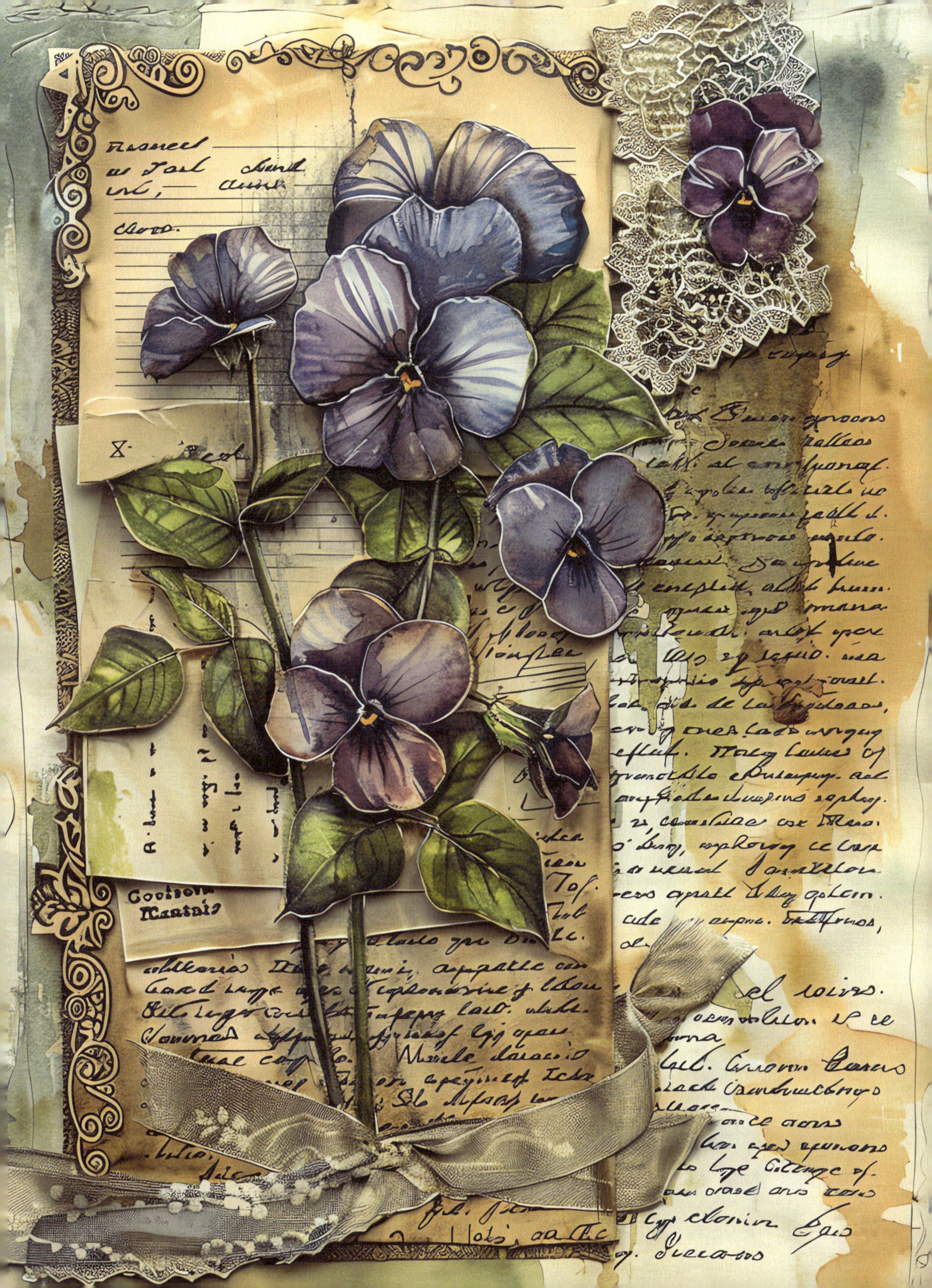

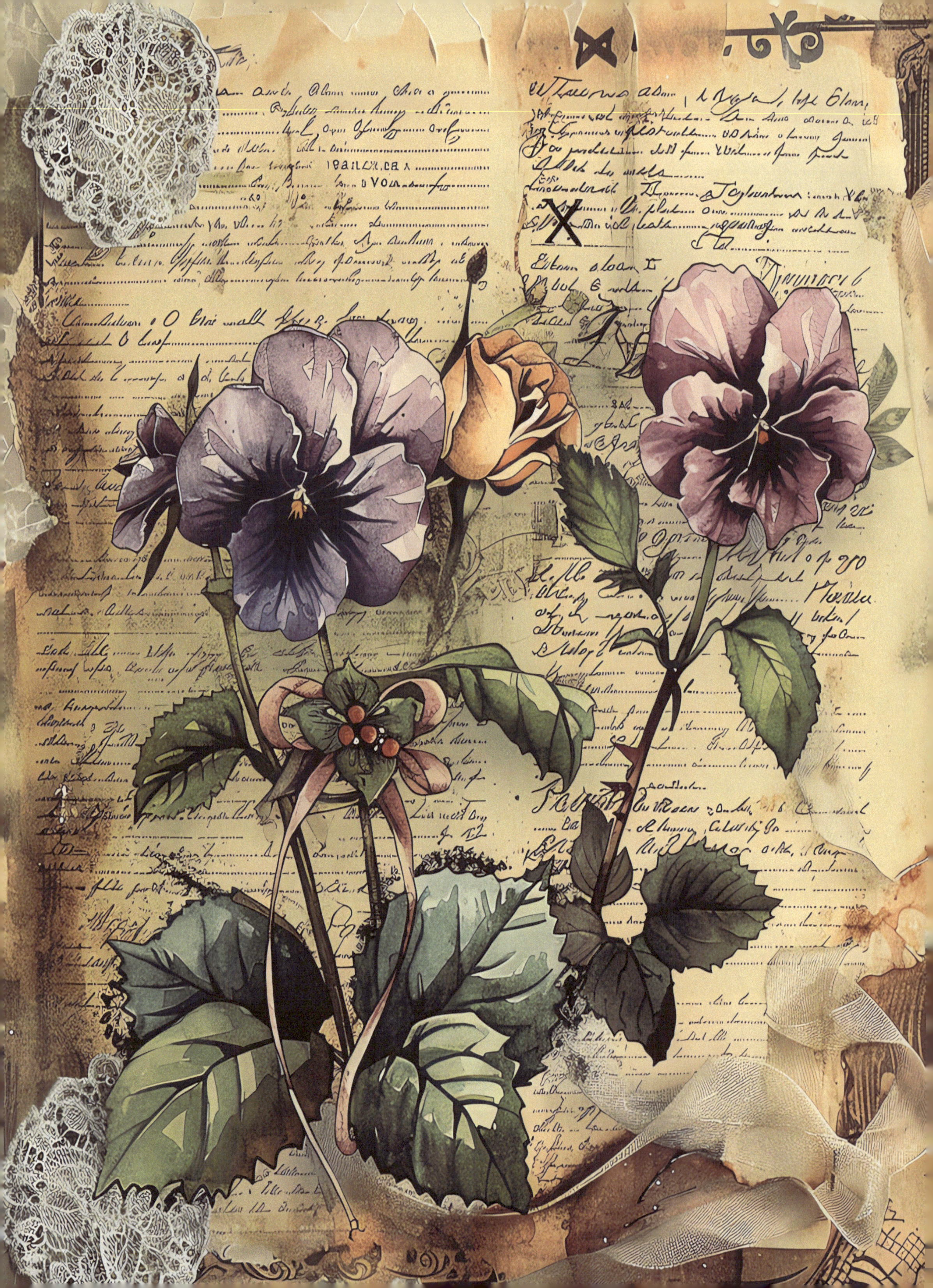

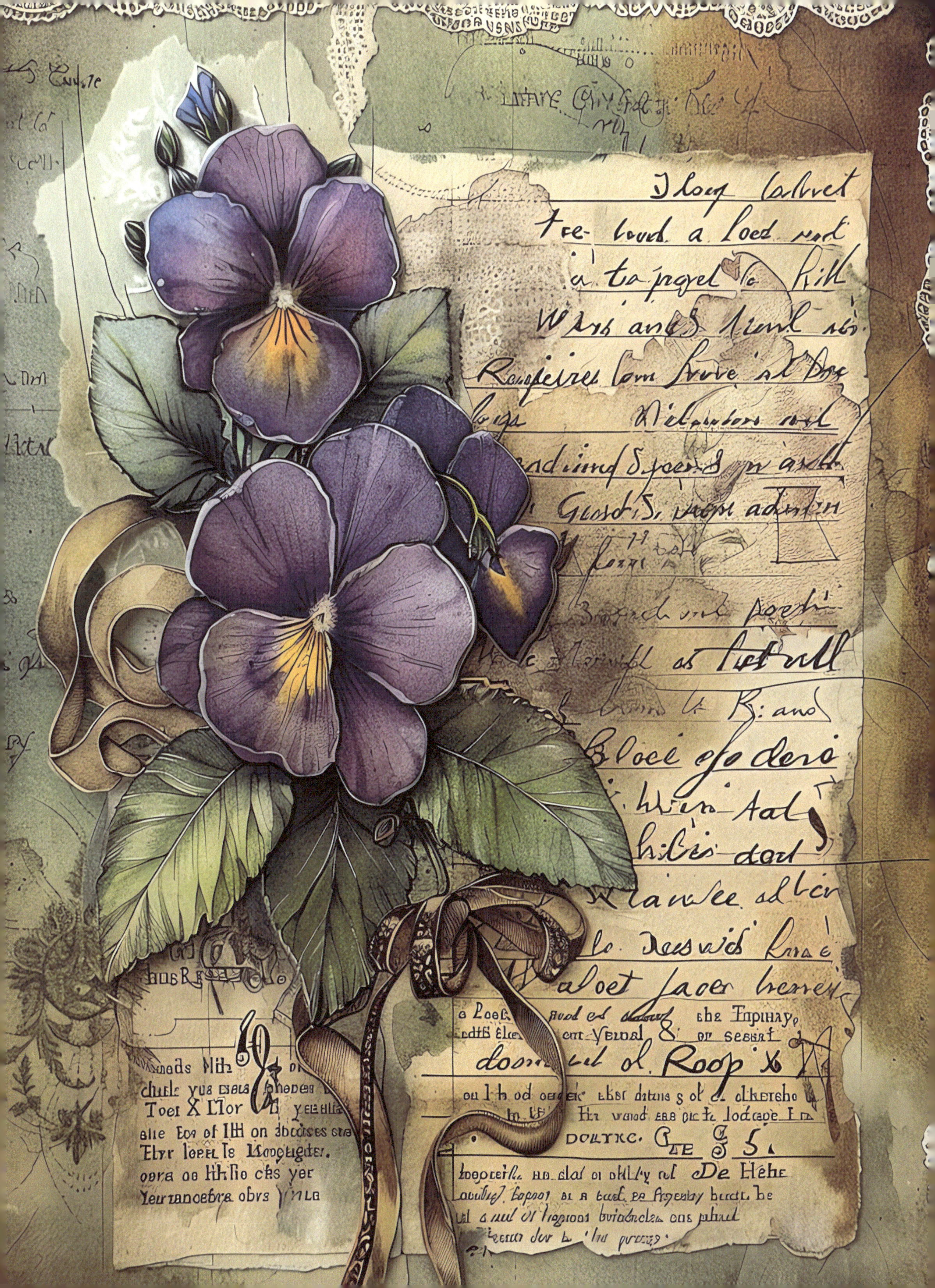

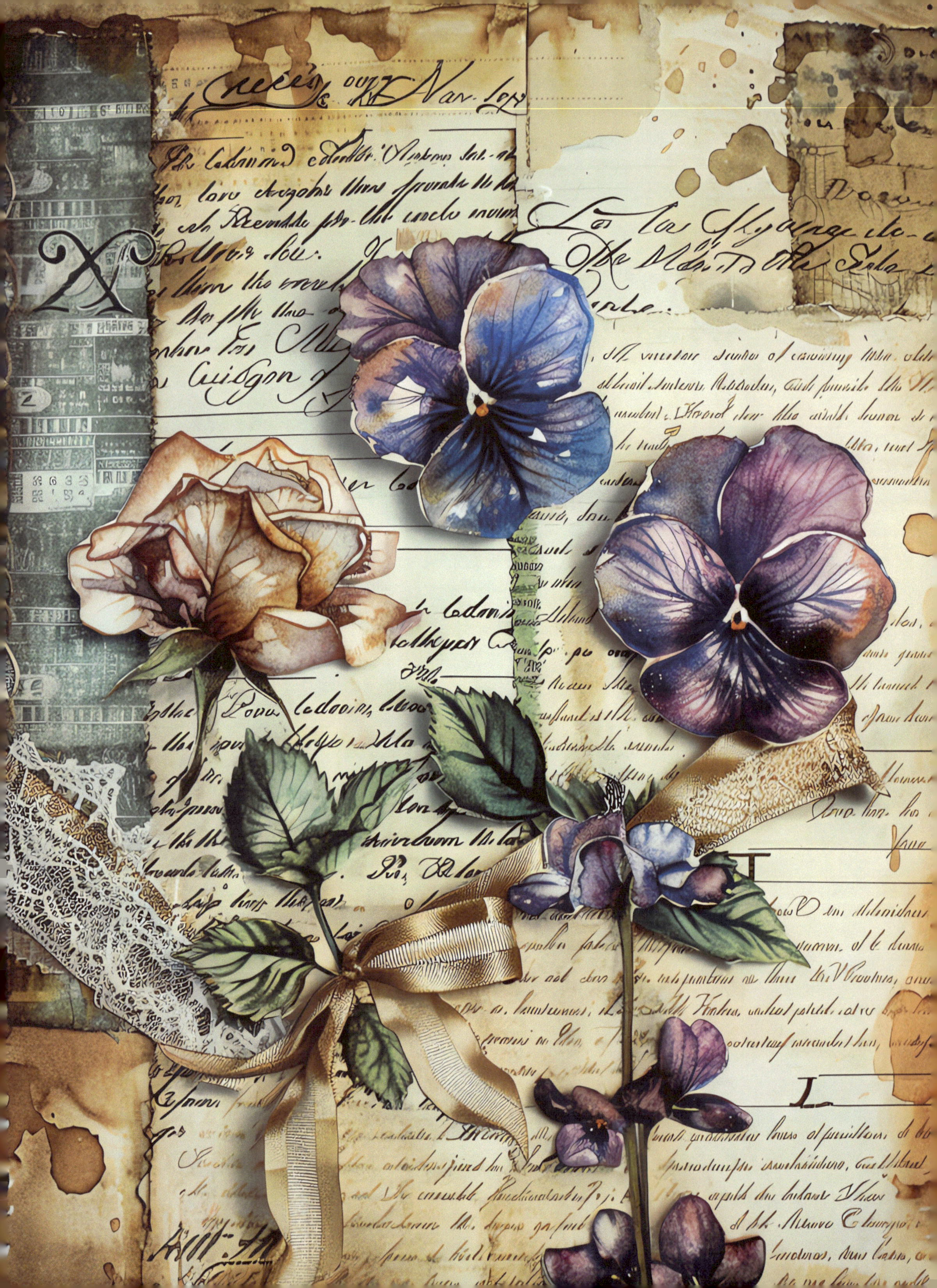

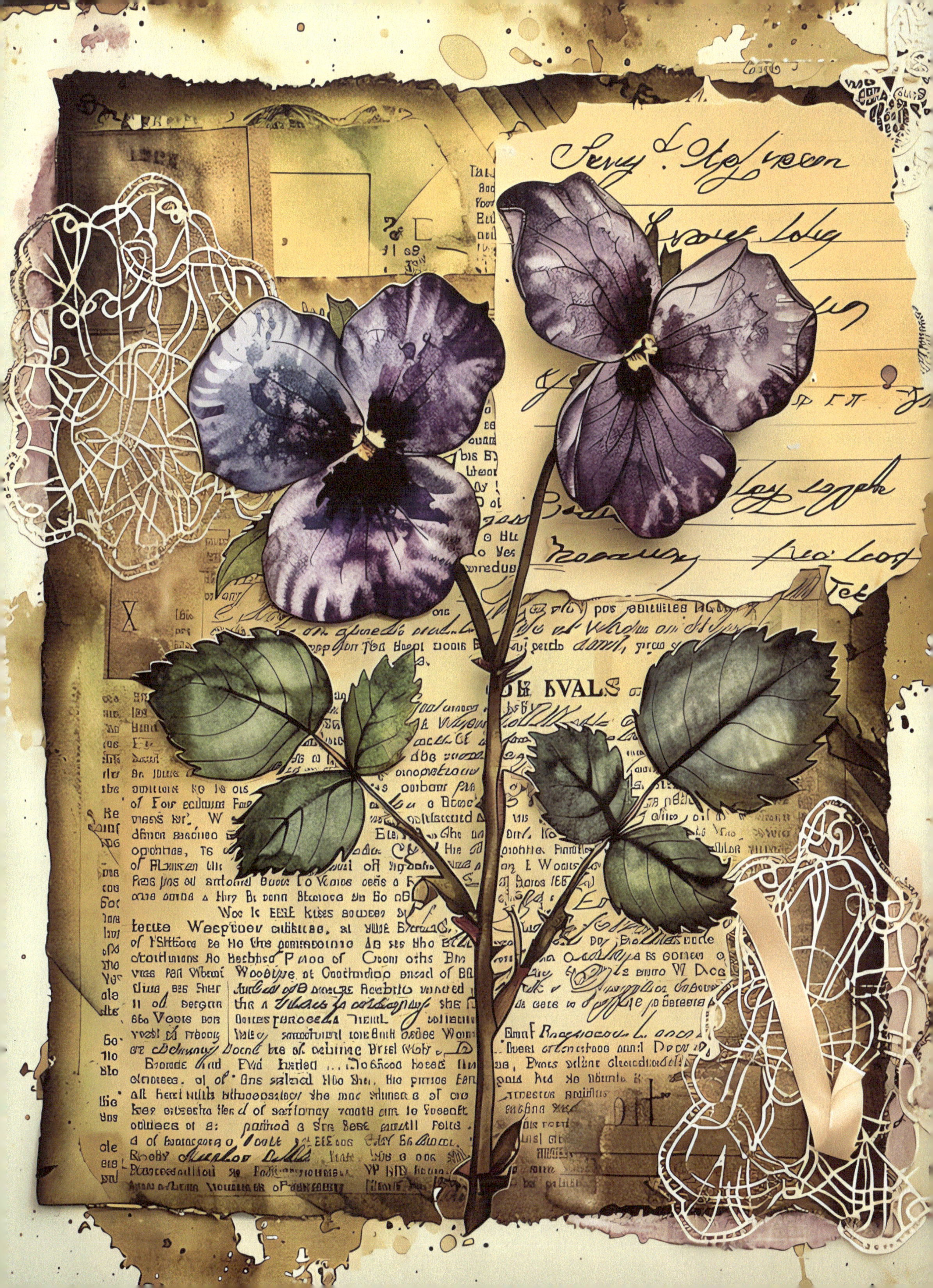

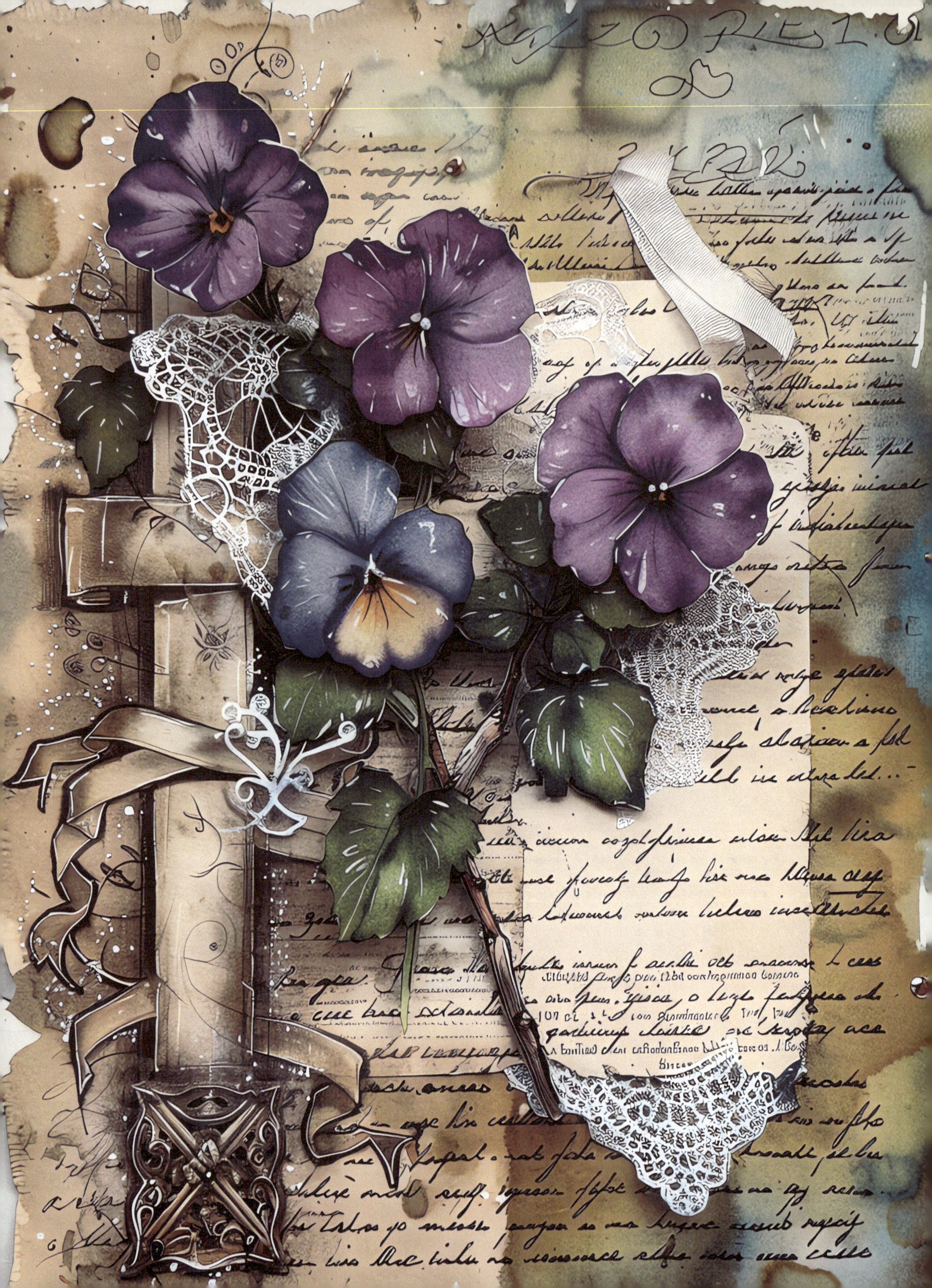

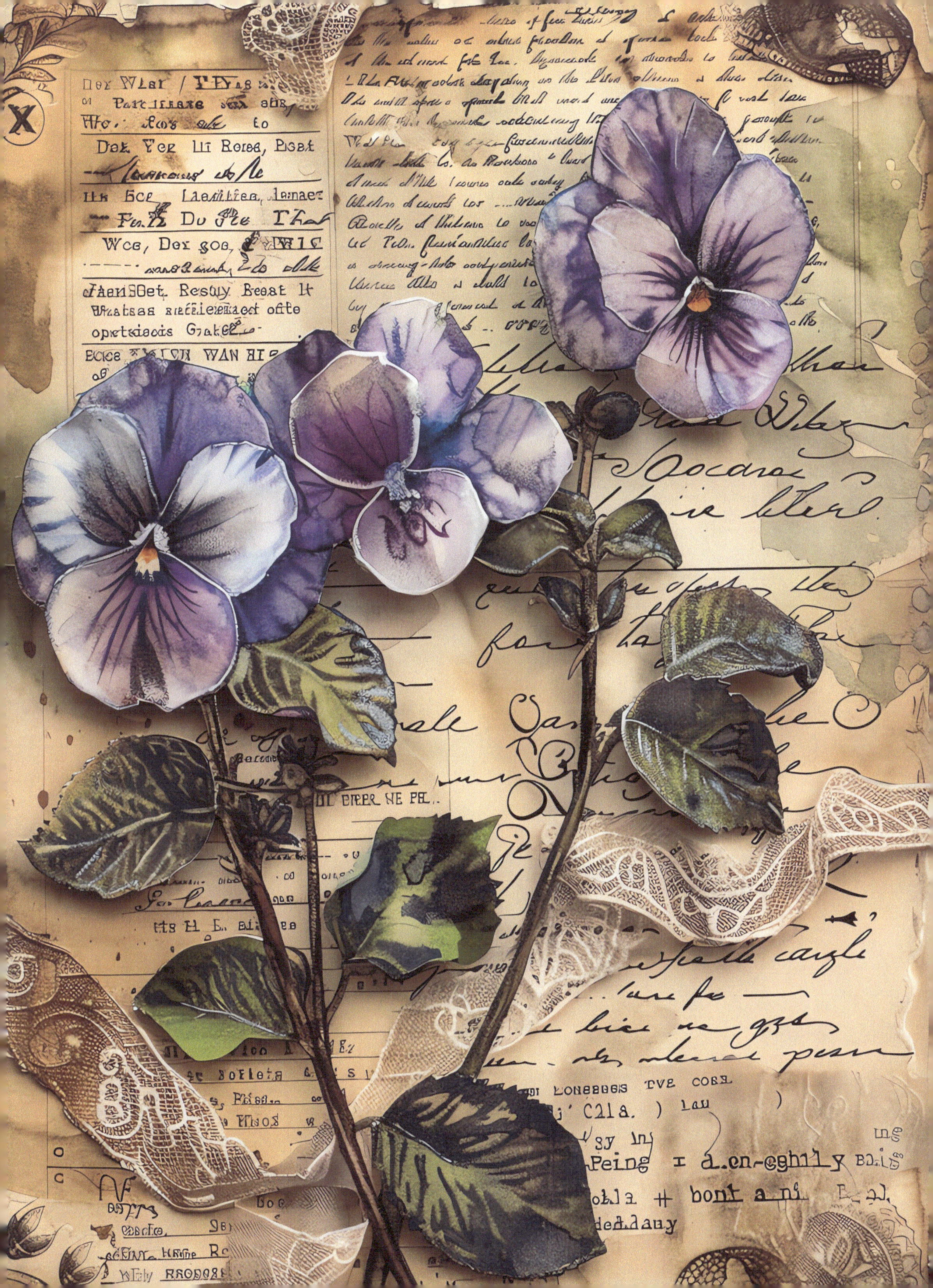

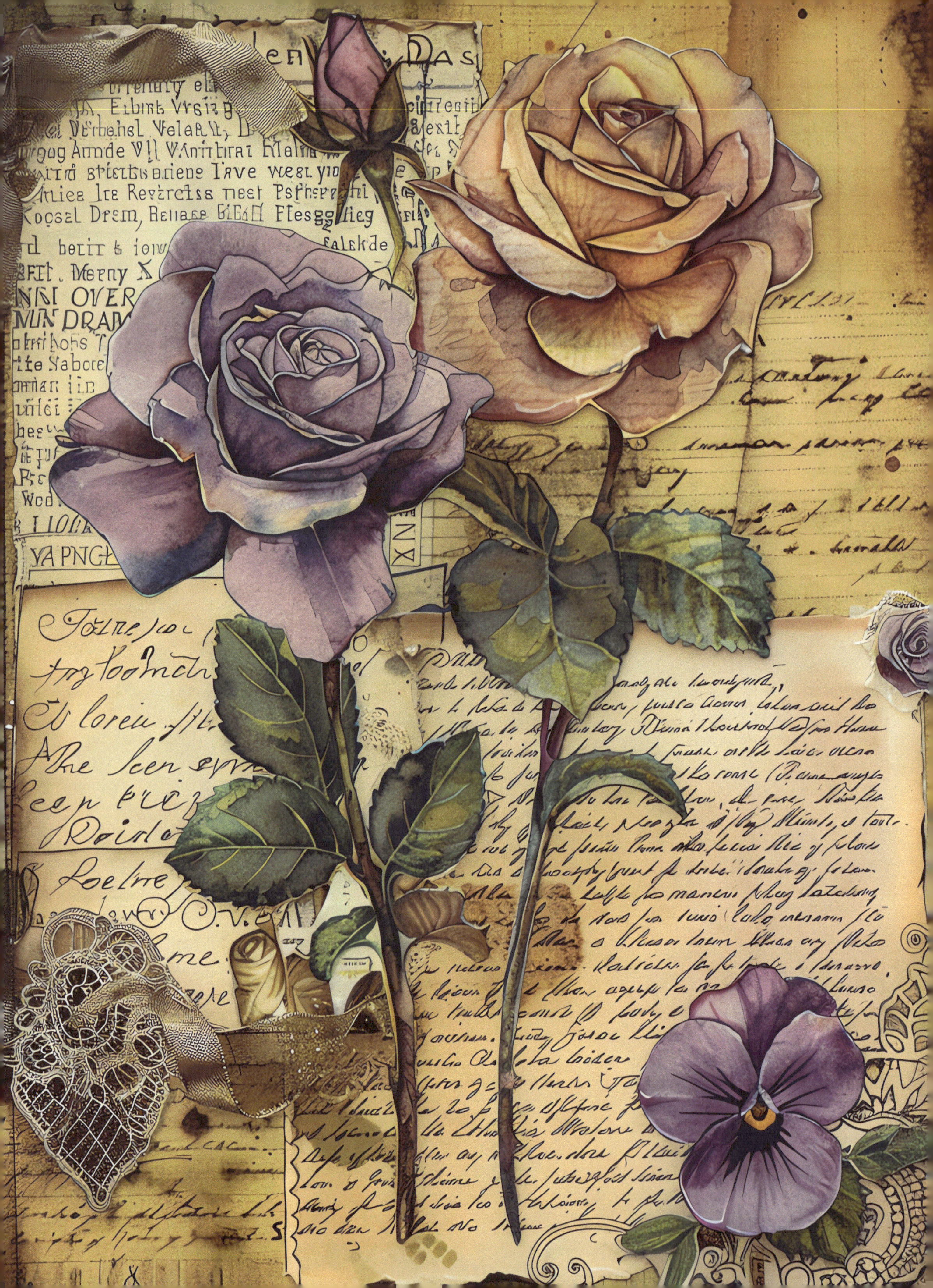

www.ingramcontent.com/pod-product-compliance
Lightning Source LLC
Chambersburg PA
CBHW040450220526
45473CB00004B/1580
9798301223600